아래를 덥혀야 따뜻해집니다

아래를 덥혀야 따뜻해집니다

제1판 1쇄 인쇄 2011. 12. 05
제1판 1쇄 발행 2011. 12. 07

지은이 | 최종찬

펴낸이 | 우지형
진 행 | 곽동언
펴낸곳 | 나무한그루
디자인 | Gem

주소 | 서울시 마포구 동교동 165-8 엘지팰리스빌딩 727호
전화 | (02)333-9028 팩스 | (02)333-9038
E-mail | namuhanguru@empal.com
출판등록 제313-2004-000156호

ISBN 978-89-91824-38-6 03810

*책값은 뒤표지에 있습니다.

아래를 덥혀야 따뜻해집니다

공평하고 따뜻한 세상을 꿈꾸는 최종찬 이야기

나무한그루

프롤로그

나는 세상을 공평하고 따뜻하게 바꾸고 싶다

이 책은 내가 살아온 길, 나의 가치관의 일면을 적은 글이다.

돌이켜보면 요즈음 젊은 사람들에 비해 나의 세대는 행복했다고 생각한다. 그 당시 우리들 생활여건은 현재에 비해 훨씬 어려웠다. 오늘날 젊은이들은 이름조차 알지 못하는 보릿고개가 있었고, 초등학교가 교실이 모자라 2부제, 3부제 수업을 하였다. 만원버스에 시달리며 학교에 다니고, 대학에 들어가서는 매년 시국관련 데모로 휴교하였다.

그러나 그 당시 젊은이들은 비록 현실은 어려웠어도, 꿈과 희망이 있었다. 학교를 졸업하면 일자리 꿈이 있고, 취직 후에는 배우자를 만나 결혼하고 그로부터 몇 년 지나면 내 집을 마련할 수 있다는 소박한 꿈이 있었다.

우리 경제는 세계 모든 나라가 부러워하는 급속한 경제성장을 하였다. 1차, 2차 석유파동, 외환위기 등 많은 어려움도 있었으나 우리 국민들은 이와 같은 어려움을 극복하고 발전하여 왔다.

나는 개발연대 경제 부처 공무원으로서 사무관부터 시작하여 장관을 그만둘 때까지 많은 경험을 하게 되었다. "경제사회개발5개년계획"과 매년 "경제운영계획" 등을 통해 수많은 주요 경제정책 입안에 참여하였다. 나는 운 좋게도 경제기획원 경제기획국에서부터 청와대 정책수석 비서관, 건설교통부 장관까지 지내면서 주요 정책의 입안, 조정 등의 업무를 누구보다도 많이 경험하였다.

그 당시 나는 "내가 나라를 건설하는 데 참여한다", "내 아이디어로 세상이 변한다"는 자부심에 정말 열심히 일했다.

공직생활 중 각종 정책수립에 참여하다 보니, 어느 덧 나의 주 관심사가 우리 사회의 잘못된 제도나 관행을 고치는 것이 되었다. 내 스스로 사회 시스템을 개선하는 것이 나의 소명인 것으로 생각 되었다.

공무원 재직 중에도 각종 개혁 아이디어를 많이 주장하였지만,

퇴직 후에도 "신국가 개조론"을 쓰게 되었고 "선진사회만들기연대"공동대표와 "선진화포럼"의 이사로서 우리나라 각종 제도와 의식의 선진화를 위한 운동에 참여하고 있다. 이 외에도 일간지 신문 기고 등으로 우리사회의 개혁을 주장하여 왔다.

현재 우리사회는 외견상 과거보다 경제적으로 나아졌지만, 국민의 행복 면에서는 어두운 면이 많다. 젊은이들은 취업도 어렵고, 취직이 되어도 비정규직으로 불안하고, 중년층은 높은 교육비, 장년층은 원치 않는 조기퇴직, 노후 불안 등으로 국민 전체적으로 불안지수가 어느 때보다도 높은 실정이다.

이와 같은 불안은 최근 복지확대와 복지 포퓰리즘의 논란을 야기시키고 기존 정당에 대한 불신으로 안철수 교수 신드롬까지 초래하고 있다.

경제사회 여건이 바뀌었으므로 국정운영의 패러다임도 바뀌어야 한다. 경제성장, 투자증대, 수출증대 등 성장과 효율성만 따질 것이 아니라 고용, 소득분배, 기회균등, 형평, 복지에 관심을 더 증대시켜야 한다. 장애인, 노인, 소년소녀 가장 등 사회적 약자에게 더 배려해야 한다. 신뢰할 수 있는 사회, 개천에서 용 나는 사회, 나눔과 배려의 사회, 국민이 행복한 사회가 되어야 한다. 이를 위해서는 국가 사회 시스템이 바뀌어야 한다.

나는 대통령이나 혁명가가 아니다. 그러나 세상을 바꾸고 싶다. 한 사람의 꿈은 한낱 꿈에 불과할지 모르지만 여럿이 함께 하면 꿈은 이루어진다.

어려운 일이 있을 때 항상 버팀목이 돼 주시는 장인 임광수 회장님, 아내 임재영에게 고마운 말씀을 드린다. 나의 친구 박연수와 맥앤담아시아의 조용상 회장, 나무한그루의 곽동언 실장, 박경남 씨, 원고를 꼼꼼히 검토해준 나의 오랜 동료 장석준, 조휘갑에게 감사드린다.

최종찬

|Contents|

Part 3 공직을 뒤로 하고

Part 4 정치 일선에 나서다

Part 5 최종찬이 그리는 공평하고 따뜻한 세상

Part 1_ 내가 꿈꾸는 사회의 밑그림을 그리다

신문을 읽는 아이,
사회문제에 눈을 뜨다

나는 아이들을 보면 즐겁다.

30여 년의 공직생활이 몸에 밴 때문인지 내 감정을 쉽게 드러내지 못하지만 아이들과 만날 때면 나는 저절로 입가에 번지는 미소를 감출 수가 없다. 아이들은 우리의 미래다. 이 사회를 이끌어갈 어여쁜 꽃들이다. 내가 안양 동안 지역의 아이들 공부방에서 봉사를 하는 것도 그런 아이들에게 작은 희망이라도 심어주고 싶은 마음 때문이다. '꽃들에게 희망을' 주는 나비가 있듯이, 밝고 건강하게 이 사회를 이끌어갈 그들을 위해 작은 희망을 안겨주는 사람이 되고 싶은 바람인 것이다. 아이들에게 관심을 쏟고 보살피는 일은 잡초만이 무성한 척박한 땅에 한 줌의 꽃씨를 뿌리는 일이라고 생각한다.

지난 설날 무렵이었다.

2009년부터 안양 비산동 청소년 공부방 '1318 해피존'에서 자원봉사를 하게 되었다. 1318이란 것은 13세에서 18세까지 학생을 의미하는데 실제로 대부분은 중학생이다. 매주 월요일, 가정환경이 어려운 중학생 아이들에게 시사와 경제 상식 등을 가르치는 일이었다. 아이들과 함께 하는 시간이 많아지다 보니 자연스럽게 아이들이 사는 모습에도 관심을 가지게 되었다. 때때로 아이들이 어떤 환경에서 살아가는지 궁금하기도 했지만 그렇다고 무턱대고 아이들 집에 가볼 수도 없는 노릇이었다. 그저 일주일에 한 번씩 공부방에서 얼굴을 보고 이야기를 나누는 것에 만족해야만 했다.

그러던 어느 날 기회가 찾아왔다. 명절을 앞두고 농협에서 아이들에게 나눠줄 쌀과 라면을 보내주었던 것이다. 나는 배달원을 자처하며 직접 쌀과 라면을 들고 아이들의 집을 직접 찾아가기로 마음먹었다. 아이들이 사는 모습을 좀 더 깊숙이 들여다 볼 수 있는 좋은 기회를 놓칠 수 없었다.

하루는 중학교 2학년인 한 여학생 집을 찾아가게 되었다. 앞장서서 나를 인도하던 그 여학생은 집 앞 현관에 도착해서 당황하기 시작했다. 현관문에는 디지털 키가 붙어 있었는데 아이가 몇 번을 반복해서 번호를 눌러도 문이 열리지 않았던 것이다.

"어, 이상하네. 왜 안 열리지?"

현관문이 열리지 않자 당황하던 아이는 이내 누군가에게 전화를 걸었고, 잠시 후 뒤를 돌아보며 풀이 죽은 목소리로 말했다.

"죄송해요. 오늘 번호를 바꿨대요."

사정을 들어보니 아이의 가정은 재혼가정이었다. 각각의 부모에게 아이 한 명씩 있었는데, 그 아이는 아버지 쪽이었다. 그런데 무슨 사정이 있었는지 아이의 아버지가 며칠 동안 집에 들어오지 않았던 모양이다. 그러자 화가 난 새어머니가 비밀번호를 바꾸어 버리고 자기 친딸에게만 번호를 알려준 것이었다. 재혼가정의 일면을 들여다보면서 한참 예민한 시기의 아이들을 위해 어른들과 이 사회가 좀 더 신경을 써줘야겠다는 생각을 하게 되었다.

아이들을 가르치다 보면 눈빛만으로도 어떤 아이가 공부를 더 하고 싶어하는지 알 수 있게 된다.

"저 아이가 공부는 잘 합니까?"

공부방 담당자에게 물었다.

"네. 공부는 잘 해요. 영어만 잘 하면 좋은데, 방법이 없네요."

"그래요? 우리가 학원을 보내면 되겠네요."

그렇게 공부를 더 하고 싶은데 사정이 여의치 않은 아이 두 명에게 학원을 다니게 해 주었다.

복지회관이나 경로당을 다니다 보면 노인복지시설에 대한 지원은 예전에 비해 많이 좋아졌다. 그러나 상대적으로 청소년들에 대한 관심과 지원은 아직 미흡한 실정이다. 청소년들이 아직 유권자가 아니어서 그런지 여야를 막론하고 정치인들의 관심 밖이다. 청소년은 누가 뭐래도 우리 사회의 미래를 짊어지고 나갈 중요한 사람들이다. 그들을 위한 국가적인 관심과 지원이 부족하다는 것은 우려할 일이다. 어려운 환경의 아이들도 교육과 복지의 혜택을 고르게 받으며 밝고 건강하게 자라는 사회, 다르게 표현하자면 개천에서 용 나는 세상을 만드는 것이야말로 우리 모두가 염원하는 일이 아닐까.

"선생님, 우리나라 돈은 어디서 만들어요?"

1318 해피존 지역아동센터의 한 아이가 질문을 했다.

"그래, 어디서 만들까?"

나는 미소를 지으며, 눈을 동그랗게 뜨고 내 대답을 기다리는 아이들에게 되물었다. 매주 월요일 저녁에 만나는 아이들이다. 이곳에 다니는 아이들은 인근의 관양 · 비산 · 부안중 등에 다니는 학생들이다.

"한국은행이요!"

"조폐공사요!"

아이들의 답은 양쪽으로 나뉘었고, 내 판결만 남은 셈이다. 나는 지갑에서 천 원짜리 지폐를 꺼내 아이들에게 보여 주었다.

"여기 '한국은행총재' 라고 쓰여 있는 글자 보이지? 돈을 찍어내는 법적 권한은 한국은행에 있지만 실제 만드는 곳은 조폐공사란다. 그러니까 둘 다 정답이야."

모두 맞았다는 말에 아이들의 얼굴은 어느 때보다 밝다. 요즘 아이들답지 않게 시사와 경제상식에 관심을 보이며, 하나도 놓치지 않고 귀에 담으려는 진지한 모습에 마음이 든든해진다. 이 아이들이 성장해서 이끌어 갈 우리나라의 미래가 밝게 그려지기 때문이다.

나도 어린 시절 신문을 보며 사회문제에 관심을 가졌던 때가 있었다. 초등학교 4학년 때인가 우연히 집에 있던 신문을 보게 되었다. 처음에는 광고가 재미있어서 보기 시작했다가 차츰 이런저런 기사에 눈길이 가면서 신문을 꼬박꼬박 읽게 되었다.

"엄마, 오늘 신문 어디 있어요?"

"신문? 어유, 무슨 애가 신문을 저렇게 좋아해?"

학교에서 돌아오면 나는 신문부터 찾았다. 신문에 취미를 붙인 나를 어른들은 조금 의아한 표정으로 바라보았다. 한창 아이들이 즐겨 읽는 만화책도 아니고 재미있는 동화책도 아닌데, 나는 마치 신문이 만화책이나 동화책이라도 되는 듯 즐겨 읽었다. 신문을 읽다보니 한자도 자연스럽게 습득이 되었고, 어려운 단어들도 점점 눈에 익어졌다. 잘 모르는 단어는 부모님께 여쭈어보기도 했다.

"종찬아, 너는 신문 보는 게 그렇게 좋니?"

한 번은 어머니께서 물으셨다.

"네. 신문에는 제가 모르는 세상 이야기가 많이 실려 있잖아요. 내일은 또 무슨 일이 일어날까 궁금해요. 그래서 신문 보는 게 너무 좋아요."

신문을 읽으면 내가 사는 세상이 아닌 다른 세상을 상상하는 즐거움도 있었다. 강원도 밖의 우리나라 곳곳의 이야기, 그리고 바다 건너 다른 나라 이야기까지 생생하게 접할 수 있어서 즐거웠다. 신문 보는 일은 바둑두기와 함께 내 일상의 취미가 되었지만, 그때만 해도 그로 인해 내 인생에 커다란 행운이 찾아올 줄은 전혀 상상하지 못했다.

요즘도 그렇지만 당시만 해도 학생이 신문을 즐겨 읽는 것은 드문 일이었다. 더구나 그때는 일반 가정에서 신문을 구독하는 일 자체가 드물었던 시대였다. 당시 같은 또래의 친구들은 대부분 한창 유행인 대중가요나 팝송에 열광하고 있었다. 요즘 아이들이 아이돌이나 연예인에 열광하는 것과 다를 바 없는 자연스런 현상이었다.

나는 비교적 평범한 학생이었지만 어려서부터 신문을 읽다보니 어느 샌가 사회문제에 눈을 뜨게 되었다. 그래서 또래 아이들보다 조숙해질 수밖에 없었다. 친구들은 유행에 민감했지만 나는 세상 돌아가는 일에 민감했다. 게다가 경찰공무원인 아버지를 따라서 여러 번 전학을 다니다보니 친구를 사귀는 것도 쉽지 않아서 신문을 보는 일로 외로움을 달랠 때도 많았다.

그 때문에 중학교 때 생긴 별명이 '복덕방 할아범'이었다. 친구들 보기에는 나라 걱정, 사회 걱정은 나 혼자 다 짊어진 듯이 비쳐졌을 테니 그런 별명이 붙는 것도 당연한 일이었다.

신문에 관심을 가지면서 자연스럽게 책 읽는 것도 좋아했다. 그 당시 내 기억으로는 '신태양사'라는 출판사에서 위인전을 많이 출간했었다. 그래서 우리나라 인물부터 시작해서 드골, 루즈벨트 등 많은 위인전을 읽게 되었다. 위인전을 읽으면서 앞으로 내 인생을 어떻게 열어갈지 깊이 생각하는 시간을 가질 수 있었다. 신문이 사물이나 사건의 전체적인 것을 보는 안목을 길러 주었다면 책은 그 생각의 깊이를 심어 주었다.

요즘 신문에 실린 정보를 활용하는 교육을 많이 하는데, 나는 일찌감치 스스로 터득해서 실천한 셈이다. 내 유년시절의 기억 중에 많은 부분이 신문 보는 일로 채워질 만큼 신문 보는 일은 나에게 사회를 보는 안목을 길러 주었고, 내 삶 전반에 긍정적인 영향을 끼치게 되었다.

정들만하면 떠나는 7번의 전학

"아버지께서 전근을 가신단다."

"이번에는 또 어디로 가는 거예요?"

"삼척이란다."

아버지의 전근은 곧 나의 전학을 의미하는 말이었다. 초등학교 입학 후 일 년이 멀다하고 전학을 다녔는데, 6학년 때까지 벌써 7번째였다. 정선, 태백, 영월 등 강원도의 웬만한 곳은 가보지 않은 곳이 없을 정도였다.

원래 아버지는 강릉에서 고등학교 교사로 재직하셨고, 어머니는 초등학교 교사를 하셨다. 6.25전쟁 후 교직을 떠난 아버지는 경찰이 되셨고, 어머니는 그런 아버지를 내조하기 위해 교직을 그만두셔야 했다. 6.25가 일어났던 1950년 5월에 강릉에서 태어난 나는 어린 시절 내내 아버지 부임지를 따라 강원도 곳곳을 두루 돌아야 했다.

"이번에 사귄 친구들은 정말 헤어지기 싫은데…."

초등학교를 다닌 육 년 내내 새로운 학교에서 친구를 사귈만하면 또다시 전학을 가야만 했다. 어린 마음에도 전학 가는 것이 참 싫었다. 매번 낯선 곳에 가서 적응하기가 쉽지 않았고 친구를 사귀는 일도 그만큼 시간이 걸렸다. 내 마음 속에는 늘 친구들과 친하게 지내고 싶은 마음과 또 언제 전학을 갈지 모른다는 불안감이 혼재해 있었다. 그래서 친구 사귀는 일이 쉽지 않았다. 그래도 어릴 때라 친구들과 정 붙이는 시간이 그다지 많이 걸리진 않았다. 그런데 막상 정들만 하면 전학을 가야 하니 속상한 적이 한두 번이 아니었다. 그렇게 전학을 가야할 때는 차라리 아버지가 경찰을 그만두었으면 하는 마음까지 들었다.

'지금 이 친구들이 날 기억할까?'

'이번에 사귄 친구들은 얼마나 갈까?'

한창 친구를 사귀고, 친구들과 어울려 노는 것을 즐겨야 할 시기에 겪어야만 했던 잦은 전학은 내 마음을 외롭게 했다. 새로운 학교에 가서 적응하는 것도, 새로운 친구를 사귀는 것도 쉽지 않은 일인데, 6년 동안 무려 일곱 번씩이나 전학을 가야 했으니 외로움을 느끼는 것도 어쩌면 당연한 일이었다. 그래도 아버지 직업의 특성상 어쩔 수 없는 일이라서 뭐라고 말도 못 하고 순순히 따라야 했지만 마음만은 늘 편치 않았다.

초등학교 6학년 때 일이다.

"최종찬이 누구지?"

삼척초등학교로 11월에 전학을 갔는데, 12월에 중학교 입학시험을 치르게 되었다. 당시만 해도 시험을 봐서 중학교를 진학하던 때였다. 삼척중학교 입학시험에 수석을 한 학생이 삼척초등학교에서 나왔단다. 그런데 정작 삼척초등학교 6학년 담임선생님들이 아무도 모르는 이름이었다.

"최종찬?"

"네. 전데요."

"아, 참! 전학생! 네가 최종찬이었구나!"

나를 확인한 선생님은 수석합격을 칭찬해 주었다. 전학 간 지 한 달밖에 되지 않아서 담임선생님조차 이름을 기억하지 못해 생긴 일이었다. 누군가가 내 이름을 불러주고 기억해 준다는 것이 얼마나 기쁜 일인지 전학을 자주 다녀보지 못한 사람은 알지 못할 것이다.

내가 그의 이름을 불러준 것처럼

나의 이 빛깔과 향기에 알맞는

누가 나의 이름을 불러다오.
그에게로 가서 나도 그의 꽃이 되고 싶다.

우리들은 모두
무엇이 되고 싶다.
나는 너에게 너는 나에게
잊혀지지 않는 하나의 의미가 되고 싶다.

김춘수의 시, 〈꽃〉처럼 세상을 살아가면서 다른 이들에게 자신의 존재감을 인식시키는 일은 참으로 의미 있는 일이다. 《기막힌 존재감》의 저자 앤드류 리는 '상대방을 제압하는 것은 카리스마가 아니라 존재감이다.' 라고 말한다. 이처럼 존재감을 느끼게 하는 일은 인간관계에서 매우 중요하다. 오죽하면 요즘에 '미친 존재감' 이라는 말까지 나오겠는가.

나 역시 초등학교 6학년 때 최초로 맛본 존재감이 세상살이에 자신감을 가지게 했다. 사람들에게 내 존재를 알게 했으니 더 잘해야겠다는 마음도 들었다.

운동을 좋아했던 평범한 소년

중학교에 가서도 또 한 번 전학을 하게 되었다. 삼척중학교에서 강릉의 경포중학교로 전학 갔다. 이때는 강릉 이모 댁에서 기숙을 하게 되었다. 아버지가 다른 지방으로 발령이 나서 따라갈 수 없는 형편이었다.

어느 날 학교를 가려고 하는데, 이모부께서 자전거를 타고 들어오셨다. 어릴 때 잠깐 자전거를 배운 적이 있었지만 맘껏 타 본 적은 없었다. 이모부의 자전거를 보는 순간 타고 싶다는 생각이 물밀 듯이 몰려왔다. 보통 때는 타 볼 기회가 없었다.

"이모부, 자전거 한 번 타 보면 안 돼요?"

"그래. 타 보렴."

그만한 또래의 아이들이 대부분 그렇듯이 나 역시 운동을 좋아했고, 가만히 앉아있기보다는 활발하게 움직이는 것을 좋아했던 나는, 자전거를 본 순간 그 아침, 자전거를 타고 폼 나게 달려보고 싶었다. 학교는 강릉 시내라 걸어서 가기에도 충분한 거리여서 굳이 자전거로 통학할 일이 없었다.

이모부의 자전거를 본 순간 나는 신나게 달려보고 싶은 마음에 자전거를 타고 경포대로 내달렸다. 상쾌한 솔숲의 향기와 동해의 광활한 기운을 느끼며 달리고 또 달렸다. 페달을 밟으며 바람을 맞는 그 기분이 너무 좋아서 학교를 가야한다는 사실조차 잊은 채 경포대 외곽까지 달렸다. 한참을 그렇게 달리고 나서야 학교 생각이 떠올랐지만 이미 때는 늦었다.

"최종찬! 지금이 몇 신데 이제 오는 거야?"

학교에 가야한다는 생각에 자전거를 돌려서 이마에 땀방울이 맺히도록 페달을 밟았지만 결국 지각을 하고 말았다. 그래도 그토록 타고 싶었던 자전거를 신나게 탔던 터라 선생님의 호통이 귀에 들어오지 않았다. 학창 시절 내내 비교적 모범생으로 지내왔지만 모범이라는 궤도에서 살짝 벗어난 그때의 기분도 그다지 나쁘지만은 않았다.

학창 시절, 나도 여느 소년들처럼 가슴에 열정이 가득 차 있었

다. 그 타오를 것 같은 열정을 분출하기에는 운동만한 것도 없었다. 청소년기에는 호르몬의 변화로 분출하는 열정을 밖으로 쏟아내지 못하면 부정적 성향을 가지기 쉽다. 그래서 청소년기에 폭력이 두드러지기도 하고, 담배를 피우거나 술을 마시는 등 일정한 반항의 형태를 나타내기도 한다. 이럴 때 운동을 하게 되면 부정적인 에너지를 쏟아내고 건강한 에너지를 얻게 된다. 아이들에게 공부만 하라고 할 것이 아니라 적당한 운동을 시키는 것이 좋다. 기회가 된다면 부모와 함께 운동을 하는 것을 권하고 싶다.

여느 남자아이들이 그렇듯이 나 역시 움직이고 활동적인 것을 좋아했다. 어릴 때는 아이들과 어울려서 딱지치기도 하고 돌아다니는 것도 좋아했다. 특히 전학을 자주 다니던 나로서는 친구를 사귀는 데 운동만한 것이 없었다.

나는 운동을 좋아하고, 잘하는 편이다. 중학교 2학년 때는 학교 야구선수를 하기도 했다. 포지션은 3루수였다. 마침 춘천에서 야구대회가 있었는데, 나는 경포중학교 대표로 출전하였다. 하지만 아쉽게도 우리 학교는 1회전에서 탈락하고 말았다.

야구에 대한 그리움이 남아서였을까. 나는 나중에 경제기획원에서 일할 때 직장 야구팀을 만드는 데에 일조했고, 경제기획원 직장 야구팀의 창단멤버가 되기도 했다. 감독을 맡은 적도 있을 만큼 애착이 강했고, 지금도 야구경기 관람을 좋아한다.

누군가 야구를 좋아하는 사람과 축구를 좋아하는 사람의 스타일에 대해 재미있는 분석을 해 놓은 것을 본 적이 있다. 야구를 좋아하는 사람은 계획을 토대로 꾸준히 노력하는 농부 형으로 안정지향적인 사람인 경우가 많고, 축구를 좋아하는 사람은 임기응변이 강하고 계획을 바꾸어 순간적인 감각으로 행동하는 사냥꾼 형으로 모험심이 강한 사람이라고 한다. 어떻게 보면 맞는 구석도 있는 것 같다. 야구를 좋아하는 사람은 대체로 축구도 좋아하지만 가끔은 내 주변에서도 한쪽만을 유별나게 좋아하는 사람들을 보게 된다. 그들 때문에 이런 분석이 나오지 않았을까 싶다.

학창 시절, 운동을 좋아했던 추억은 지금도 그 시절 운동장을 달리던 기분을 느끼게 한다. 고등학교와 대학 시절에는 축구, 농구에 심취했다. 나의 모교인 경복고등학교는 전통 있는 농구 강호였다. 그 덕분에 나는 고3 때 입시공부 중에도 친구들과 어울려서 농구를 많이 하였다.

공직 생활을 하면서는 테니스를 많이 했다. 군대를 제대하고 전매청에 복귀한 해에 열린 전매청 내 국장급 기관 시합에 나간 적도 있었다. 운 좋게도 그 대회에서 내가 선수로 출전했던 수원 연초제조창이 우승을 차지했다. 중앙정부 부처대항 테니스 대회도 대부분 선수로 참가했다. 현재도 안양 종합운동장 테니스장의 관우회 회원으로 활동하면서 테니스를 즐기고 있다.

누구나 그렇겠지만 운동을 하면 살아 있다는 느낌이 든다. 학업이나 일에서 생긴 스트레스를 해소할 수도 있고, 또한 새로운 에너지를 얻기도 한다. 그래서 그런지 지금도 공만 보면 뛰어들어 한바탕 땀을 쏟고 싶다.

진로를
경제로 정하다

중학교를 졸업하고 서울로 유학을 오게 되었다. 당시만 해도 지방에서 서울로 올라오는 아이들이 꽤 있었다. '개천에서 용 난다'는 말이 그때만 해도 드물지 않던 시대였다. 공부 좀 하면 서울로 유학 오는 경우가 많았다. 나는 서울 경복고에 진학하였다.

그 당시 경복고등학교는 학생의 절반이 경복중학교 출신이었다. 나머지는 지방 출신이거나 서울의 타교 출신이었다. 한마디로 경복중 출신이 주류였고, 나와 같은 지방 출신은 비주류였기에 학교생활에서 가끔은 소외감을 느끼기도 했다. 그럴 때는 어릴 때부터 좋아하던 신문과 책을 읽으면서 달랬다. 고1 때는 1년간 100권 이상의 책을 읽은 것 같다.

사회문제에 관심이 많았떤 나는 문과를 지망했다. 문과 반의 많은 아이들이 법대를 목표로 했다. 나 역시 어릴 때부터 법관을 꿈꾸었다. 막연하지만 법관이 되어서 사회정의를 실현해 보겠다고 생각했다.

'과연 내가 법대에 진학해서 사법고시를 합격할 때까지 끈기 있게 공부만 할 수 있을까?'

고3이 되자 진로에 대한 고민이 구체적인 현실로 다가왔다. 그때 처음으로 내 장래희망이 '법관' 이란 데에 회의가 들었다. 대학을 가기 위한 입시공부도 만만치 않은데, 법대 가서 다시 몇 년이란 기약도 없이 고시공부에 매달릴 생각을 하니 우선 지겹다는 생각이 들었다. 고시란 게 공부를 열심히 한다고 해서 다 붙는 것도 아니고 몇 년씩 할 각오로 덤벼야 하는데, 솔직히 그럴 자신도 없었다. 또 그러기엔 청춘이 너무 아깝다는 마음도 있었다. 내 나름으로는 적당히 자유롭고 낭만적인 대학 생활을 기대하는 마음이 컸던 모양이다.

인생의 첫 번째 갈림길에서 나는 스스로에게 왜 꼭 법관이 되어야만 하는지, 그 길이 과연 내가 진정으로 원하고 내 적성에도 맞는 것인지 많은 고민을 했다. 내 의지가 확실하다면 어떤 각오를 못하겠는가. 하지만 고심 끝에 내린 결정은 No였다. 그리고 내가 선택한 것은 상과대학을 진학해서 경제학 교수나 기업경영에 관련된 일을 하는 것이었다. 결국 나는 막판에 법대가 아닌 상대로 진로를 변경하였고, 서울대학교 상과대학 무역학과에 입학하게 되었다.

고등학교 시절 그토록 동경했고 선망의 대상이었던 대학의 현실은 내 상상과는 사뭇 달랐다. 낭만까지는 아니더라도 최소한 자유로운 면학분위기 정도는 기대했었는데, 시위와 최루탄, 그리고 휴교령 등으로 내 기억 속의 캠퍼스는 4년 내내 우울한 풍경이었다. 시국과 관련하여 친구들과 밤새 토론하며 울분을 토한 적도 많다. 나 혼자만 공부하겠다고 마음먹는다 해도 그럴 수 있는 분위기도 아니었다.

그래도 나는 나름대로 대학생활을 알차게 보내려고 노력했다. 대학교 2학년 때 무역학과 과대표와 대의원회 부의장을 지내기도 했다.

대학에 다니면서 가장 좋았던 것은 많은 선후배와 친구들과의 만남이었다. 그때 상학과 과대표였던 박봉흠은 훗날 기획예산처 장관과 정책실장을 지냈다. 그 외 나와 같은 학번 친구로 김대환 전 노동부장관과 이정우 전 청와대 정책실장, 민주당 김효석 의원이 있다.

누구나 그렇겠지만 대학 시절의 반환점을 돌아 3학년에 올라가면서부터 나 역시 고민이 많아졌다. 요즘 대학생들이 사회로 진출하기 전에 다양한 스펙 쌓기에 골몰하는 것과 다르지 않았다. 졸업 후 진로와 관련하여 고민이 많았다. 어떤 방향으로 진로를 잡아야 하는지 막막하기만 했다.

'그래, 이제 곧 4학년이 되는데 1년 동안 뭔가 준비해 두는 게 좋지 않을까?'

진로에 대한 고민이 집중되자 구체적인 계획을 잡는 것이 필요했다. 그래서 가장 먼저 생각한 것이 대한민국 남자라면 누구나 이행해야 하는 병역 의무에 관한 것이었고, 내가 내린 결론은 ROTC를 지원하는 것이었다.

군대 훈련이 나를 단련시켰다

ROTC(Reserve Officers Training Corps, 학생군사교육단)를 지원하게 된 것은 장교로 임관하면 리더십을 기를 수 있을 것이라는 판단에서였다.

ROTC는 대학 3, 4학년 동안 2년간의 군사훈련을 거쳐 졸업과 동시에 장교로 임관하는 제도이다. 여름방학 기간에는 한 달씩 군부대에 입소해서 훈련을 받게 된다.

내가 처음 입소해서 훈련을 받은 곳은 원주에 있는 38사단이었다. 그때 나와 함께 훈련을 받았던 동기 중에 환경운동의 대가로 불리는 최열과 서울대학교 사회학과 홍두승 교수가 있었다. 그들과는 그때의 인연으로 지금까지 가까이 지낸다.

대학생 신분인 ROTC 훈련이라고 해서 뭔가 특별한 혜택이 있다고 생각하면 오산이다. 그렇게 고된 훈련은 속된 말로 머리털 나고 처음이었다. 그 곳에서의 훈련은 밤낮을 가리지 않았다. 새벽 6시 기상과 함께 시작된 일과는 날이 저물도록 하루 종일 뛰어다니는 것이 전부라고 해도 결코 지나친 말이 아니었다. 혈기왕성한 20대 초반의 나이였지만, 책상 앞에 앉아서 공부만 하다가 그 뜨거운 7월 중순의 땡볕에서 하루 종일 뛰어다니려니 좀체 몸이 따라 가질 못했다. 헉헉 거리며 턱까지 차오른 숨은 금방이라도 끊어질 듯 고통스러웠고 그 자리에서 쓰러지지 않는 게 오히려 이상할 정도였다. 이거야말로 지옥훈련이구나 싶을 만큼 혹독한 훈련이었다.

저녁 먹고 한숨 돌리고 나면 금세 피곤에 지쳐 쓰러지기 일쑤였다. 잠 좀 자나 싶으면 비상이라고 깨워서 새벽 2시까지 운동장을 돌렸다. 취침 중에 서너 번씩 깨우는 일이 다반사였고 절대적인 수면부족에 정말 머리가 돌 지경이었다.

"하루 종일 빡세게 뛰었으니까 오늘은 훈련 없겠지?"

다른 날보다 고되게 훈련을 받은 날이면 모두들 그런 막연한 기대감으로 침상에 누웠지만 그럴 때마다 매번 기대감은 실망감으로 차갑게 변했다.

"기상!"

세상에 이보다 더 고통스럽고 공포감을 주는 말이 또 있을까?

그날도 어둠을 깨치는 날카로운 기상 소리와 함께 자다 말고 일어나서 비몽사몽 연병장을 도는 기합을 받았다. 군대가 가면 누구나 그 정도의 훈련을 받는다고 하겠지만 그래도 아직은 대학생 신분인데 ROTC 동안 그렇게 고될 줄은 꿈에도 상상하지 못했다. 나중에 입대해서 장교로 복무하는 동안 사병들을 관리하려면 그 정도의 훈련은 받아야 한다는 의도였던 것 같다. 그래서인지 장교훈련은 사병훈련보다 더 강하게 진행되었다.

그렇게 4주간의 고된 훈련을 마치고 원주에서 서울로 오는 기차를 탔다. 기차 안에서 참으로 많은 생각을 했다.

'아, 이 엄청난 훈련을 내가 4주 동안이나 받았구나!'

그 힘든 훈련을 무사히 마쳤다는 사실이 가슴 벅찬 감동으로 다가왔다. 고된 훈련에서 살아남았다는 것만으로도 스스로를 대견하게 느끼게 해 주었다. 그 순간 고된 훈련 때도 애써 참았던 눈물이 나도 모르게 흘러내렸다. 한편으론 평소에는 상상도 못해봤던 육체적인 고통을 이겨내고 서울로 향하는 내 자신을 보면서 내 안의 잠재력을 확인하는 시간이기도 했다.

"그래, 이제 나는 무슨 일이든지 잘 할 수 있어!"

서울로 향하는 열차 안에서 나는 이제부터는 뭐든지 해낼 수 있으리라는 자신감에 주먹을 불끈 쥐었다. 첫 번째 ROTC 병영훈련은 내가 세상을 살아가면서 어떤 위기 상황에서도 자신을 믿고 해결할 힘을 갖게 만든 중요한 사건이기도 했다.

ROTC 군사훈련이 나를 육체적으로 단련시키고 잠재력을 발견하게 해주었다면, 내 마인드를 단련시킨 것은 경영학에서 배운 '의사결정방법론'이었다.

사람들은 살아가면서 위기를 맞이하면 멘토를 찾기도 하고 나름대로 해결의 방법을 찾아 나선다. 나 역시 힘들고 풀리지 않는 일이 있을 때면 보통 사람들처럼 가까운 친구나 선후배를 찾아가서 상의를 하고 그들로부터 힘을 받기도 한다. 때로는 문제에 대한 답을 이미 알면서도 주위 사람들에게 그게 옳다는 것을 확인하고 싶을 때가 있는 법이다.

나는 젊었을 때만 해도 완벽주의자에 가까웠다. 하나에서 열까지 잘해보려고 하다 보니 스트레스를 많이 받는 편이었다. 내가 하는 실수를 용납하지 못해 스스로를 괴롭히는 일도 많았다. 미국에서 공부할 때 의사결정과정을 합리적으로 풀어내는 법을 배웠던 경험이 나를 다스리는 데 많은 도움이 되었다.

'내가 지금 고민하는 것이 뭐냐?'

예를 들어 다음날 아침에 제출할 보고서를 준비한다고 치자. 보고서를 제출하라는 말을 듣는 순간부터 고민이 시작된다. 급하게 준비하려니 자료는 없고, 적당히 해 가면 엉터리가 될 게 자명한데 이러지도 저러지도 못하는 상황에 봉착하게 된다. 더군다나 완벽주의자에게는 그 상황 자체가 견디기 힘들기 때문에 마음은 더 급해지기만 한다.

'내가 할 수 있는 일이 뭐지?'

상황마다 일어날 확률을 따지고 자신이 할 수 있는 일을 찾는 것이다. 비가 내리는 천재지변처럼 컨트롤이 불가한 것은 고민하지 말고 넘어가야 한다. 자신의 힘으로 되지 않는 일까지 머리 싸매고 고민할 필요는 없다. 일어날 확률을 따지고 자신이 할 수 있는 일만 정리해서 실행하면 된다. 그러면 일을 효율적으로 풀어나갈 수 있고, 진전도 생각했던 것보다 빠르다.

이러한 과정은 지금도 상당히 많은 도움이 된다. 나는 일이 잘 풀리지 않을 때 백지에 하나씩 적어본다. 지금 이 순간 내가 할 수 있는 일과 내가 할 수 없는 일이 무엇인지를 파악해서 할 수 있는 일만 하려는 것이다. 경영학에서 배운 '의사결정방법론' 이 사실 실생활에서도 많은 도움을 준다. 이론이란 실제에서 활용해야 빛이 나는 법, 그래서 종종 활용한 적이 많았다.

나이가 들면서 완벽주의에서 많이 벗어나게 되었다. 사람은 누구나 실수하면서 산다는 것을 자연스럽게 받아들이게 된 것이다. 살다보면 그 순간에는 아주 중요한 것 같지만, 지나고 보면 별 거 아니었다는 걸 깨닫게 되는 경우가 많다. 그래서 나는 마음속에 늘 이 말을 새기고 산다.

"이 또한 지나가리라."

젊은 시절, 혹독하게 받았던 훈련을 내 성숙의 과정으로 받아들일 수 있었기에 이제는 어지간한 위기는 이겨낼 수 있는 힘을 가지게 되었다. 주위를 둘러보며 자기관리를 어떻게 해야 하는지 알게 되었고, 마인드 컨트롤 할 수 있었던 것도 그때의 힘이 컸다. 나약한 모범생의 모습을 깨고, 무엇이든 할 수 있다는 자신감과 내 깊숙이 숨겨져 있던 잠재력을 발견했던 그때의 훈련이 지금도 고맙게 여겨진다.

ROTC 훈련 중
행정고시에 합격하다

대학 3학년 가을이었다.

"선배, 앞으로 살아가는 데 방향을 어떻게 잡아야 할지 고민이 많아요."

한참 진로에 대한 고민에 빠져 있던 나는, 어느 날 군 복무를 마치고 복학한 선배에게 고민을 털어 놓았다. 그는 경복고등학교 선배이기도 했다.

"그래? 나도 졸업하면 어떻게 해야 할지 고민이다. 우리 고등학교랑 대학교 선배님이 한 분 있는데, 같이 찾아가서 한번 이야기나 들어 볼래?"

마침 그 선배도 나와 비슷한 고민을 하고 있던 터라, 그가 잘 안다는 선배를 같이 찾아가 보기로 했다.

나보다 4년 선배라는 그 분은 불광동에 살고 있었다.

"그 선배님은 지금 경제기획원 사무관이셔."

복학생 선배를 통해 들은 사전 정보였다. 한 번도 본 적이 없었던 선배에게 진로를 상담하기 위해 직접 집을 방문했다. 그래도 세상을 먼저 산 선배이니 뭔가 도움이 되는 이야기를 들을 수 있지 않겠느냐는 기대감이 발걸음을 재촉하게 만들었다.

"경제기획원은 우리 경제를 움직이는 곳이지."

그는 경제기획원의 사무관으로 공직 사회에 갓 입성한 신입이었지만 공직에 대한 자부심이 대단했다. 나이로 치면 나와 큰 차이가 나지 않는데도 그 기개가 대단하게 느껴질 정도였다.

"공직에 뜻을 둬 보는 건 어떨까?"

진로에 대한 고민을 안고 찾아온 후배들에게 그는 선뜻 자신이 하고 있는 일을 권했다. 그때는 이름을 듣고도 누구인지 잘 몰랐지만 그가 바로 정통부장관과 경제수석비서관을 역임한 현 KT 이석채 회장이었다. 그와의 짧은 만남 이후 나는 처음으로 공직에 관심을 가지게 되었다. 공직자인 그의 강한 인상이 공직에 끌림을 가지게 했고, 그로 인해 내 진로의 한 방향으로 공무원이 자리잡게 되었다.

그리고 얼마 후 3학년 겨울방학이 되었다. 나에겐 그야말로 기로에 선 시기였다. 졸업까지는 1년이 더 남아 있었지만 이번 방학이 마지막 겨울방학이나 마찬가지라고 생각했다. 그만큼 중요한 시기였기에 지금 당장 뭔가를 준비해야 한다는 생각이었다. 졸업하면 곧바로 군 입대를 해야 하고, 그러자면 앞으로 1년 안에 무엇인가 해야 할 것 같았다.

'공무원이라, 그럼 행정고시를 봐야 하는데, 지금 시작하기엔 너무 늦은 것 같고, 그럼 뭘 해야 하지?'

경제기획원에 근무하는 이석채 선배의 조언도 있어서 행정고시도 염두에 두었지만 몇 개월 남겨두고 준비하기에는 시간이 턱없이 부족했다. 그래서 자격증이라도 따 놓을 심산으로 공인회계사 시험을 알아보았다.

"아니, 이게 무슨 말이야?"

12월 말쯤 신문을 보다가 눈에 띄는 중요한 기사를 발견했다. 평소 신문 한 구석에 실린 작은 가십기사도 놓치지 않고 꼼꼼히 읽던 습관이 가져다준 행운의 선물이기도 했다. 그 기사는 마지막 국무회의 모습을 쓴 그야말로 가십이었다. 당시 총무처에서 행정고시 개편안을 올렸는데 장관들이 문제제기를 하면서 당초보다 변질되었다는 기사였다. 순간 눈이 번쩍 뜨이고 머리가 맑아지는 기분이었다.

'이건 행정고시가 많이 바뀐다는 말인데?'

기사의 내용으로 비추어보자면 기존 제도 하에서 행정고시를 공부하던 사람들의 기득권이 없어진다는 결론을 도출할 수 있었다. 내가 행정고시를 준비했다면 무슨 내용인지 금방 알 수 있었겠지만 더 이상은 알 수 없었다. 당장 행정고시 제도가 어떻게 바뀌는지 자세히 알아봐야 되겠다고 마음먹었다. 그런데 하필이면 그 날이 12월 말일이었다. 1월 시무식 할 때나 찾아가는 수밖에 도리가 없었다.

"신문 가십난에 이런 기사가 났던데, 행정고시제도가 어떻게 바뀝니까?"

나는 무작정 고시과를 찾아가서 담당자에게 신문에서 오린 작은 기사를 내밀며 물었다.

"당신, 그거 어떻게 알고 왔어?"

그곳에 있던 사무관은 의아한 표정으로 내게 되물었다. 마치 비밀이라도 들킨 사람처럼 눈이 휘둥그레졌다.

"여기 신문에 나왔잖습니까?"

나는 오려간 신문을 손가락으로 가리키면서 말했다. 사무관은 조금 어이가 없다는 표정을 지었다.

"허, 이 친구 별 걸 다 보고 쫓아왔네?"

그 사무관은 상급자인 과장에게 자초지종을 말하고 어떻게 처리를 해야 하는지를 물었다.

"여기까지 힘들게 찾아왔는데 보여 줘. 곧 관보에 실릴 텐데, 뭐."

이미 기사화가 되었고, 얼마 있지 않아 발표가 될 내용인데 미리 알려준다고 해서 문제가 될 게 없다는 투였다. 사무관은 행정고시 개편안을 복사해서 내게 넘겨주었다. 거기에는 행정고시 종전안과 개편안의 대비표가 자세히 나와 있었다.

행정고시 2차 시험의 경우 기존 4과목에서 7과목으로 늘어나는 것이 개편안의 핵심이었다. 지금까지 4과목만 공부하던 사람들은 새롭게 3과목을 더 공부해야 되는 것이었다. 더군다나 2차 시험날짜는 6월인데 반밖에 공부를 못한 결과가 되는 것이었다. 행정직, 재경직, 교육직 등의 여러 직렬이 합쳐서 행정직 하나로 통일이 되다 보니, 행정직 공부하던 사람이 경제학까지 새로 공부해야 되므로 엄청난 혼란이 올 것이 예상되었다.

'이건 완전히 하늘이 내게 준 기회야!'

2차 시험을 반년 앞두고 시험제도가 바뀌어 버렸으니 지금껏 공부하던 친구들이나 새롭게 시작할 나나 사정은 크게 다르지 않아 보였다. 그리고 예년보다 합격자도 많이 뽑는다니 도전해 볼 만한 일이었다. 이렇게 하늘이 내게 준 기회를 그대로 날려 보낼 수는 없었다.

그날 나는 곧바로 서점으로 향했고 행정고시에 필요한 모든 책을 사서 시험공부에 돌입했다. 지금부터 시간과의 싸움이라는 생각으로 고시에 몰입했다. 남보다 늦게 시작했으므로 남들보다 두 배 이상 노력하는 길밖에 다른 방도는 따로 없었다. 내가 행정고시 공부를 시작한 지 보름쯤 지난 뒤에 마침내 행정고시 개편안이 관보에 실렸다.

예상대로 시험을 준비하던 많은 사람들이 혼란스러워 했다. 시험 과목이 갑자기 늘어나고 규정도 바뀌었을 뿐만 아니라 바로 그해 6월 시험에 적용된다고 하니 난리가 났다. 더군다나 경제학이 새롭게 필수로 들어갔는데, 경제학 공부를 하지 않았던 법과생들의 경우는 당황할 수밖에 없었다. 경제학은 가뜩이나 범위도 넓은데 그마저도 짧은 시간에 터득을 해야 하니 혼란스러울 수밖에 없었다. 상과대도 행정법이 추가되어 당황하기는 마찬가지였다.

나에게는 애초부터 둘 다 모르는 것이었지만 워낙 외우는 것에는 자신이 있는 터라 열심히 하면 합격도 기대해 볼만 했다. 기존 수험생들에게 주어졌던 이점이 사라지면서 이제는 그들과 내가 동등해졌다는 것만으로도 경쟁력이 있어 보였다.

ROTC 훈련은 늘 하던 것처럼 매주 2회 진행되고 있었다. 나는 ROTC 훈련에 정상적으로 참가하면서 시험공부를 해야 했다. 그렇게 시험공부를 하는 것이 결코 쉬운 일은 아니었지만 운 좋게도 나는 2차 시험에 합격하게 되었다.

문제는 7월에 치러지는 3차 시험이었다. 하필이면 4학년 ROTC 병영훈련을 받는 기간 중에 3차 시험을 치러야 했다.

"이 자식 뭐야? 훈련 받으러 온 놈이 누가 취직시험 친다고 나가려고 해?"

3차 시험을 보려면 이틀간 훈련에서 빠져야 하는데, 일반 사회도 아닌 군대에서 그것을 쉽게 허락해줄 리가 만무했다. 아무리 그래도 엄연한 국가고시인데 취직시험 정도로 치부해 버리는 것에 씁쓸한 기분이 들었지만 무슨 수를 써서라도 시험을 치러야 하는 내 입장에서는 무작정 매달릴 수밖에 없었다.

"아이고, 힘들게 공부해서 고시에 붙었는데, 그걸 안 보내줘서 떨어지면 어떻게 합니까?"

보다 못한 우리 서울대 교관들까지 나서서 거들어 준 덕분에 간신히 시험을 보러갈 수 있게 되었다. 정확한 것은 모르겠지만 아마도 ROTC 훈련 중 고시에 붙은 사람은 나밖에 없을 것이다. 처음부터 고시를 준비하는 사람은 아예 ROTC에 지원하지 않았을 것이고, ROTC에 들어 간 사람들은 아예 고시에 도전할 생각을 안 할 것이다.

어쨌든 4학년 때 ROTC 훈련을 받으면서 용케 행정고시에 최종 합격했고, 1971년 행정고시 10회로 공직에 입문하게 되었다.

우연의 일치인지 ROTC도 10기이고, 행정고시도 10기가 되었다. 행정고시 10기는 독특한 기수다. 합격자 수도 어느 기수보다 많았다. 따라서 장관, 차관도 많이 배출했다. 윤증현 전 기획재정부장관, 정종환 전 국토해양부장관 등이 나와 같은 행정고시 10기 동기들이다.

철책을 지키는 군인이 되어

군대는 대한민국 남성이라면 누구나 가야 하는 곳이다.

그것도 남자 나이 중 가장 젊음이 넘치는 시기에 군대를 가야 한다. 피가 끓고 열정이 넘치는, 꽃보다 아름다운 그 시기에 자그마치 2년이란 시간을 군대에서 보내야 한다는 것에 대해 좋아할 사람은 없을 것이다. 하지만 대한민국에서 태어난 이상 신체 건강한 남자라면 결코 피해 갈 수 없는 엄연한 현실이다. 피할 수 없다면 즐기라는 말이 있다. 어차피 치러야 할 절차요 통과의례라면 내 가족과 사랑하는 사람들을 지키기 위한 것이라고 생각하며 당당하게 국방의 의무를 받아들이는 것이 좋지 않을까.

옛날엔 장가가서 상투를 틀어야 어른 대접을 받고, 요즈음 남자라면 군복무를 마쳐야 제대로 된 성인 대접을 받는다는 이야기가 있다. 이것은 단순히 남성적이고 권위적인 사고방식에서 비롯된 것이 아니다. 군에서의 2년이란 시간은 나름대로 한 인간을 인격적으로 성숙하게 만드는 시간이 되기도 하기 때문이다. 군대는 결코 시간 낭비가 아니다. 사람에 따라서 조금씩 차이는 있을 수 있지만 잘 활용하면 그것은 자기성숙의 좋은 기회이기도 하다.

나 역시 중요한 시기에 입대를 했지만 그 시간을 결코 버려진 시간이라고 생각하지 않는다. 대학교 4학년 12월에 전매청으로 발령을 받았다. 처음 직급은 사무관 시보였다. 당시 사무관이면 계장급이었다. 학생 신분으로 두 달간 사무관 노릇을 하다가 2월 말 졸업과 동시에 군대에 가게 되었다.

병과가 보병이라서 전남 광주 보병학교에서 훈련을 받았다.

훈련 기간 동안 참기 어려운 것 중의 하나가 배고픔이었다. 왜 그리 허기가 지던지, 조금 과장하면 식사를 마치고 자리에서 일어나는 순간부터 배에서 허전함이 느껴졌다. 저녁 점호를 마치고 침상에 누워도 허기진 배 때문에 쉽게 잠을 이룰 수 없었다. 그럴 땐 매점에서 파는 빵으로라도 허기를 달래면 좋으련만 취침시간에 매점 출입은 금지되어 있었다.

"야, 우리 배고픈데 빵 좀 사 먹자."

내가 불침번 근무를 서는 날 동료들이 매점에 다녀올 수 있게 해달라고 나에게 떼를 썼다. 그날따라 힘들었던 훈련 탓에 너도 나도 빵 좀 사 먹자고 아우성이었다. 나 역시 배가 고팠지만 그렇다고 규정을 어기고 내무반을 나서도록 내버려둘 수도 없었다. 동료들의 배고픔을 생각하자니 규정이 마음에 걸리고, 규정을 따르자니 배고픈 동료들의 아우성이 마음을 흔들었다. 고심 끝에 나는 동료들의 뜻을 들어주고 말았다.

"그래, 좋아. 다녀와라. 대신 각자 가지 말고 대표로 한 명이 가서 빵을 다 사 와라."

그렇게 한 명을 뽑아서 대표로 내보냈는데, 그만 들키고 말았다. 결과는 어떻게 되었겠는가? 난생 처음 빳다를 30대 맞았다. 허벅지에 피멍이 들 정도로 맞은 그 순간은 말할 수 없이 고통스러웠지만, 이제 와서 돌아보면 그 또한 젊은 날의 훈장이 아니겠는가.

그렇게 보병학교에서 훈련을 마치고 배치 받은 곳이 전통 있는 철원 3사단 백골부대였다. 보직은 최전방 비무장지대의 철책을 지키는 소대장이었다. 포대경으로 보면 이북병사들의 체조하는 모습까지 볼 수 있었다.

내가 지키는 철조망 너머는 비무장지대로, 온통 지뢰밭이었다. 그 길로 똑바로 걸어가면 북한 땅이었다. 철책선으로부터 2km 북으로 가면 군사분계선인데, 그 사이에는 아무런 장애물이 눈에 보이지 않는다. 그리고 군사분계선부터 2km 북쪽으로 가면 북방

한계선으로, 이 4km가 바로 비무장지대, DMZ다.

내가 맡고 있는 부대는 최전방의 철책을 책임지고 있는 만큼 빈틈없는 경계를 해야 했다. 경계근무는 주로 야간에 이루어지므로 오전에는 자고 오후에 잠깐 체조나 태권도를 하다가 밤만 되면 교대로 철조망에 근접하여 경계를 서야 했다.

한 번은 한 사병이 휴가를 다녀와서 불만을 토로했다.

"소대장님, 우리는 최전방에서 죽어라 고생하는데, 서울 명동에는 불야성 같이 해서 신나게 춤추고 놀고 있는 게 아닙니까? 나만 전방에서 이렇게 썩는 것 같아 좀 억울하더군요."

틀린 말은 아니었지만 자칫 동조하거나 방관했다가는 다른 사병들의 사기도 저하될 것이 분명했다. 나도 그와 같은 이십대였지만 그곳은 적과 대치하고 있는 최전방이었고 나는 그들을 이끌어야 할 지휘관이었다.

"얌마, 너는 제대하고 싶지 않아?"

"아닙니다. 제대하고 싶습니다."

"네 말대로 하자면 말이야. 지금 네 기분이 좋으려면 명동도 썰렁해져야 되겠네? 술도 없고, 명동이 지금 네가 근무하는 이곳 전방처럼 돼야 억울하지 않겠지? 그렇다면 너는 무슨 희망으로 살 거야? 그리고 그곳에 있는 사람들 중에서는 이미 너와 같은 과정을 겪은 사람들이 있다는 걸 왜 몰라?"

내가 그렇게 말하자 휴가를 다녀온 사병을 포함해 다른 사병들도 고개를 끄덕였다. 사람이 고생을 할 때는 다 그만한 희망을 담보로 하는 것이다. 지금의 고생을 나만 하고 있다고 불평한다면 희망은 그만큼 멀어지는 것이다.

거꾸로 매달아도 국방부 시계는 돌아간다더니, 그토록 더디게만 느껴지던 시간이 흐르고 흘러 2년을 가득 채우고 어느덧 제대 날짜가 성큼성큼 다가오고 있었다.

Part 2_ 국가경영에 참여하다

경제기획원의 신참이 되다

본격적으로 공무원 생활을 시작한 곳은 오늘날 기획재정부의 전신인 경제기획원에서부터다.

1974년 6월에 제대한 후 전매청에 복직해서 몇 개월 근무하다가 다음해 1월에 경제기획원으로 자리를 옮겼다. 경제기획원은 국가경제발전을 위한 종합계획을 수립하고, 예산을 편성하며, 경제부처 간의 이견조정 등 경제정책을 총괄하는 곳이었다. 즉 우리나라의 장단기 경제 계획을 종합 조정하는 곳이다. 나는 그곳에서 근무하면서 넓고 종합적인 시각으로 경제를 바라보게 되었다.

"이곳이 바로 우리나라 경제정책의 산실, 경제기획원이구나!"

공직에 들어서면서 첫 근무지는 전매청이었지만 좀 더 국가적으로 큰 일을 해보고 싶은 마음에 경제기획원으로 옮겼다. 그런데 경제기획원의 일하는 분위기가 전매청과는 사뭇 달랐다. 또한 내 각오도 달랐다.

경제기획원 경제기획국에서 일하게 되면서 이제야 정말 내가 공무원이 되었음을 실감하게 되었다. 경제기획국은 경제기획원에서 가장 핵심적인 부서였다. 당시 5년마다 이루어진 경제개발 5개년계획을 수립하는 일을 주도한 곳도 바로 경제기획국이었다. 한마디로 대한민국의 중요한 경제정책을 종합적으로 기획하고 조정하는 핵심 역할을 맡고 있었던 것이다.

그곳에서 사무관 생활을 했던 나로서는 자부심과 함께 막중한 책임감도 가지게 되었다. 우리 경제를 넓게 볼 수 있었고, 우리나라의 문제를 종합적으로 보는 능력을 갖게 되었다.

만일 내가 동사무소에서 근무했다면 늘 우리 동의 민원처리를 어떻게 잘 할 것인지를 연구했을 테지만, 경제기획국에서 근무하다 보니 우리나라 경제 전반에 걸쳐서 문제의식을 갖고 고민하는 훈련을 받게 되었다. 하나의 산으로 따지면 나무 하나하나 보다 숲 전체를 조망하는 법을 배우게 된 것이다.

직장인들도 그렇겠지만 공무원도 자기가 소속되어 있는 곳이 어디냐에 따라서 마인드도 다르고, 업무처리방식도 차이가 난다. 경제기획국의 분위기는 우리나라 공무원 조직에서 가장 자유분방하고 개방적인 곳이었다. 결재 같은 것도 별로 없고, 관료적이

기보다는 오히려 연구원 같은 분위기가 강했다. 경제기획국이 여느 공무원 조직과 다를 수밖에 없었던 것은 하는 일 자체가 창의력을 요구하기 때문이었다.

일반적인 조직이 상명하달 식으로 이끌어간다면 경제기획국의 경우 여러 사람의 아이디어가 요구되기 때문에 토론 문화가 정착될 수밖에 없었다. 주된 업무가 미래의 대한민국이 어떻게 나가야 할 것인지에 대해 고민하고 토론하는 일이었기 때문에 온갖 상상력을 동원하여 창의적으로 방법과 정책을 이끌어내야 했다. 내가 토론을 좋아하고 주변에서 아이디어맨이라고 평가를 받는 것도 따지고 보면 경제기획국에 근무하면서 습득하고 터득한 것들 덕분이라고 할 수 있다.

"2020년 우리나라 인구 구조는?"
"미래의 석유 등 에너지 공급은 어떻게 될까?"

다른 공무원들이 이런저런 규정을 따지고 살필 때 우리는 앞으로 일어날 수 있는 일에 대한 토론으로 시간 가는 줄 몰랐다. 때로는 적합한 정책을 도출하기 위해 각계의 전문가들을 찾아서 국내뿐만 아니라 해외까지 수시로 오갔고, 해외 연수를 통해 필요한 정보를 습득하기도 했다.

경제기획국의 남다른 분위기는 공무원 사회에서도 독특한 조직으로 자리매김했고, 그만큼 다수의 유능한 경제 관료들을 배출해 낼 수 있었다. 이곳에서 나는 공직생활에 도움을 준 기라성 같은 인물들을 만나게 되었다. 남덕우 국무총리를 필두로 조순, 최각규, 나웅배, 강경식, 진념, 전윤철, 강봉균 등 경제부총리를 만났다. 그 외 경제기획원은 숱한 장관, 차관을 배출해냈다.

대한민국 경제를 끌고 갔던 수많은 인재들이 경제기획원에서 내 상관으로, 동료로, 혹은 후배로 함께 했다. 경제기획원에서 그들과 함께 일 할 수 있었던 인연을 나는 지금도 큰 행운이라고 생각한다.

앞으로 경제기획원 같은 미래전략원이 필요하다고 생각한다. 세계화 · 정보화 등으로 우리의 경제 · 사회 여건이 급변하는 만큼 국가는 더욱 더 미래지향적인 변화와 개혁을 끊임없이 수행해야 한다. 정부 내부에 부처의 이익을 떠나 중립적으로 국가 장래를 위해 미래전략을 구상하고 필요한 개혁을 추진할 수 있는 구심체가 필요한 것이다. 미래전략기구는 각종 이해 관계자로부터 자유로워야 하며 결정된 전략이 일관성 있게 추진되기 위하여 관련 부처를 조정할 수 있는 권위가 확보되어야 한다.

야간통행증을 찾아라

70년대에서 80년대로 넘어오면서 우리 사회에는 많은 변화들이 일어나고 있었다. 1979년 4월, 경제안정화 종합대책을 세우느라 눈코 뜰 새 없이 바빴다. 이전까지 성장일변도 정책을 펴 오던 박정희정권은 1차, 2차 오일쇼크를 겪으면서 종전의 정책으로는 한계가 왔다는 것을 느꼈다. 박 대통령은 당시 신현확 부총리에게 경제 전반을 점검하여 종합적인 대책을 수립하라고 지시했다. 그 결과 1979년 4월 17일 '경제안정화 종합대책' 이 발표되었다.

우리나라 경제정책의 역사를 돌아보았을 때 그 일은 성장 위주에서 안정을 중시한, 기념비적인 정책 전환이었다. 나는 그 일을 담당한 핵심사무관으로 참여하였다. 그래서 집에도 들어가지 못하고 호텔에서 한 달씩 묵으며 대책을 만드는 데 온 힘을 다했다.

그 당시에는 야간통행금지가 있어 밤 늦게까지 일을 하려면 호텔 작업이 불가피했다. 다음날 아침 청와대에 보고할 과제가 있어서 그날도 호텔작업을 했다. 마지막 작업을 마치고 인쇄만 남았는데 자정이 넘은 시각이라서 밖으로 나갈 수 없었다. 아무리 공무원이라도 야간통행증이 없으면 밤에 돌아다닐 수가 없었다.

"야간통행증이 누구한테 있지?"

야간통행증을 가진 국장을 떠올리며 국장에게 전화를 걸었다. 이미 잠이 들었을 시간에, 그것도 부하 직원도 아닌 상사의 집에 전화를 하는 것이 결례인줄은 알지만 상황이 상황인지라 이해해 줄 것이라 생각했다. 잠결에 전화를 받은 국장에게 나는 다짜고짜 야간통행증 소지 여부를 물었다.

"국장님, 야간통행증 있습니까? 차도 있습니까?"

그렇게 막무가내로 야간통행증과 차를 구해서 바리게이트를 뚫고 인쇄소를 향해 달렸다. 인쇄소에 도착해서 작업지시를 하고 마침내 인쇄기가 돌아가기 시작하자 그제야 쌓였던 피로가 한꺼번에 몰려들었다. 그렇다고 차를 돌려서 호텔로 돌아갈 수도 없는 형편이었다. 아쉬운 대로 문서가 인쇄되는 동안 4시 통금이 해제될 때까지 인쇄소 한쪽 구석에서 눈을 붙였다. 그런 과정을 거쳐 이른바 '경제안정화 종합대책' 이 탄생되었다.

고생 끝에 낙이 온다고 했던가. 그 공로를 인정 받아 난생 처음으로 근정포장이라는 상을 받기도 했다.

그리고 그 해 10월에 박정희 대통령이 서거했다.

공정거래위원회 창설 멤버가 되다

전두환 정권은 쿠데타로 집권했다는 비난을 불식시키고자 경제에 전력투구하였다. 그 노력의 일환으로 과거 수차례 실패한 '독점금지 및 공정거래법' 을 입법 회의에서 통과시켰다. 이 법으로 처음으로 재벌에 대한 규제가 체계화 되었다. 그 법에 따라 1981년 4월 1일 경제기획원 장관 소속 하에 공정거래위원회가 설

치되었다.

1980년 과장으로 승진하면서 소비자행정담당관으로 공정거래법 시행령 제정에 참여하게 된 나는 공정거래법 시행령에서 카르텔 규제와 불공정거래행위, 사업자 단체의 경쟁 제한 행위 등 규제의 구체적 기준을 만들었다.

공정거래위원회는 발족 당시 과장 5명으로 출발하였다. 전윤철(후일 감사원장) 총괄과장을 포함한 다섯 명 과장이 창설 멤버가 된 것이다. 나 또한 그 멤버의 일원이었다.

미국에서
제대로 공부하다

공정거래위원회 과장이 된 지 몇 개월 지나지 않아서 미국으로 연수를 가게 되었다. 그 당시 공무원의 자질 향상과 국제적 안목을 기르기 위한 목적으로 장기 연수 제도가 도입되었다.

정부에서 보내준 미국 연수이니만큼 열심히 선진국의 노하우를 공부하겠다는 마음으로 1981년 미국으로 떠났다. 그곳에서 펜실베이니아대학 경영대학원 석사학위 과정을 다니게 되었다. 이 대학은 와튼 스쿨로 더 유명한 곳이다. 미국은 단과대학에 이름을 붙이는 경우가 흔히 있다. 와튼 경영대학원은 세계 톱3에 들어가는 경영대학원이다.

미국 연수가 정해지고 학교를 선택해야 하는데 아내가 여동생이 있는 학교에 다니는 것이 어떻겠냐고 조언을 했다. 마침 손아래 동서가 1년 전에 그 학교로 들어갔는데, 이왕이면 함께 다니는 것이 좋을 것 같아서 지체 없이 입학원서를 냈다.

그때 경제기획원의 과장이었던 나는 경제부총리의 추천서까지 받아서 합격할 수 있었다. 학교 성적이 젊은 친구들보다 월등하지도 않았고, 영어 실력 또한 수준급이 아니었는데도 경영대학원의 MBA과정의 경우 직장 경력을 많이 고려하기 때문에 플러스 요인이 된 것 같았다.

내가 그 학교를 입학할 때만 해도 나는 그 곳이 그렇게 유명한 곳인지 몰랐다. 가끔 미국인들을 만나게 되면 이야기 끝에 학교를 묻게 되는데, 내가 와튼 스쿨을 나왔다고 하면 모두들 인정해 주는 분위기였다.

아무튼 그 대학에 다니면서 정말 공부다운 공부를 할 수 있었다. 내가 대학을 다닐 때만 해도 각종 시위로 허구한 날 휴교를 했다. 교정은 최루탄 연기로 뒤덮여 있었고, 한두 달씩 노는 것은 다반사였다. 대학 4년 동안 제대로 배운 것이 없을 정도였으니, 직장생활을 하는 동안에도 학문에 대한 갈증이 참 많았었다.

실무를 보면서 막히거나 궁금했던 것들에 대한 다양한 사례나 해답을 수업을 통해서 하나하나 깨우칠 수 있었다. 새록새록 공부하는 재미가 더해갈수록 수업 내용도 스펀지가 물 빨아들이듯

머릿속에 쏙쏙 들어왔다.

"아, 이거구나!"

공무원 생활 경험도 있고 하니 종종 무르팍을 치면서 감탄할 때가 많았다. 와튼 스쿨에서 공부한 것은 이후 공무원 생활에 큰 도움이 되었다. 정말 2년 동안 알차게 공부하고, 미국이라는 나라에 대해서도 많이 배우게 되었다. 시스템을 많이 보는 나로서는 굉장히 귀중한 기회가 되었다.

처음 미국에 갔을 때 계좌를 트기 위해 은행에 들렀다. 은행의 창구는 다섯 곳이 있었는데 일을 보러온 사람들은 한 줄로만 서 있었다. 참으로 낯선 풍경이었다. 우리나라 같으면 창구마다 줄을 설 텐데 미국사람들은 왜 한 줄로 서 있는지 의아하고 궁금했다.

"왜 창구가 다섯 곳이나 있는데, 한 줄로 섰나요?"

이유를 알아보니 늦게 온 사람이 단지 줄을 잘 서서 일찍 와서 기다린 사람보다 먼저 일을 보고 가는 경우를 방지하기 위한 장치였다. 한 줄로 서게 되면 은행에 늦게 온 사람은 결코 앞서 갈 수 없다. 사람은 자고로 '줄을 잘 서야 한다'는 우리 속담이 미국에서는 결코 통용될 수 없음을 보여주는 단적인 예였다.

미국 은행에서 그 광경을 보고 참으로 줄도 합리적으로 세운다는 생각이 들었다. 최근 은행업무를 볼 때 번호표를 뽑는 것과 같은 원리를 미국 은행에서는 훨씬 앞서서 실행하고 있었던 것이다.

또 하나 흥미로웠던 것은 미국은 은행마다 금리가 다 다르다는 점이었다. 주유소의 기름 값도 제각각이었다. 지금에 와서 보면 너무나 당연한 이치지만 당시 우리나라는 금리도 기름 값도 모두 같았다.

자본주의 시장경제에 있어서 경쟁은 피할 수 없는 당연한 속성이다. 지역마다 상황의 차이가 있고, 주유소 사장의 경영방식이 다르고, 종업원의 인건비가 다르고, 차량의 진행 방향이 다르므로 가격은 다를 수밖에 없다. 미국 연수를 오기 전에 마침 공정거래위원회 창설에 관여했던 나로서는 미국의 그런 시스템이 더욱 특별하게 눈에 들어올 수밖에 없었다.

공정거래위원회가 발족된 후 당시 안기부에서 대통령에게 보고서를 올린 일이 있었다. 공정거래위원회 실시 100일이 지났는데도 물건 값이 들쭉날쭉한다는 보고서였다. 지역마다 가격이 다 달라서 문제라는 요지였다. 지금으로 치면 너무나 당연한 일일 테지만 당시만 해도 공정거래위원회에 대한 이해가 부족했다.

요즘에는 주유소의 기름 값이 모두 같으면 두말 없이 가격 담합으로 보고 진상조사를 벌여야 할 일이지만 당시에는 어찌 보면 오히려 정부가 나서서 담합을 조장했던 셈이다. 그만큼 시장경제나 경쟁의 원리에 대해 이해하지 못한 당시의 경제관이 불러온 해프닝이었다.

경제기획원에서
재정경제원으로

한국 경제개발의 컨트롤타워가 되었던 경제기획원!

경제기획원에서 오랫동안 근무했던 나는 그곳에서 참으로 많은 일을 맡았다. 국장으로 승진해서 총리실에 파견을 나가기도 했는데, 그때 대전 엑스포 담당국장 역할을 맡기도 했다.

그리고 다시 경제기획원으로 돌아왔을 때 새로운 변화의 바람이 불고 있음을 알게 되었다. 근대화와 경제개발을 최상의 가치로 삼았던 1960~1970년대 정부 주도 경제운용의 브레인을 담당했던 경제기획원의 시대가 역사의 뒤안길로 사라지고 있음을 감지할 수 있었다. 한국 경제 규모가 커지면서 경제운영에 있어 정부의 역할보다 민간의 역할이 커지고 있었던 것이다.

1961년 5.16군사혁명 이후 그 해 7월에 경제기획원이 신설되었다. 1963년 12월 경제기획원 장관은 경제부총리로 격상되어 경제부처의 팀장 역할을 하였다. 그 후 1994년 12월 김영삼 정부시절 재무부와 합쳐서 재정경제원으로 통합되면서 마침내 경제기획원은 폐지되었다.

당시는 민간의 역할이 커지고 있는 상황에서 기획원이라는 이름 때문에 정부가 경제를 주도한다는 분위기가 부담스럽게 되었다. 그런 분위기 속에서 정부가 경제를 주도하는 시기는 끝나지 않았느냐는 문제제기와 함께 마침내 경제기획원은 재무부와 합쳐지게 되었다.

구체적으로 보자면 어느 조직이나 마찬가지로, 경제기획원도 그 역할이 방대하다 보니 비판하는 사람도 많았다. 특히 정부 내 각 부처로부터의 비판이 있었는데, 경제기획원이 각 부처의 업무에 간섭이 심하다는 것이었다.

그리고 학계나 언론계 또는 경제기획원의 정책방향에 반대하는 기업이나 이익단체들도 민간주도, 자율화시대에 중앙집권적이고 계획경제의 주역인 경제기획원은 폐지되어야 한다고 주장하고 나섰다.

아이러니하게도 정부 내에서 민간자율을 가장 강하게 주장했던 경제기획원이 민간주도 시대의 걸림돌이라는 오해를 받아 없어지게 된 것이다. 일종의 여론재판에 따라 경제기획원은 폐지되었지만, 결과적으로는 득보다 실이 컸다는 것이 개인적인 생각이다.

당시에는 주요 정책수단을 한 군데 모아놓으면 효율과 시너지가 높아질 거라고 예상했다. 그렇게 해서 경제개발의 조타수 역할을 해오던 경제기획원은 성장신화와 함께 역사의 무대에서 사라지게 되었다.

경제기획원의 역사와 함께 한 나로서는 경제기획원이 우리나라 경제발전의 한 획을 그었다고 생각한다. 경제기획원이 정책의 집행자는 아니었지만 조정자로서의 그 역할은 컸다. 당시 경제기획원 장관은 부총리로 일반 경제부처보다 직급이 높았으며 경제장관회의나 각종 경제정책 조정회의를 주관하였다. 단기적으로는 매년 초 그 해의 경제운용 계획을 수립하고 중장기적으로는 경제사회개발 5개년 계획 등 각종 중장기 계획을 수립하였다.

당시 경제정책의 주요 골격은 경제기획원이 주도하였다고 해도 과언이 아니었다. 다른 나라에도 중장기 계획을 수립하는 기능을 하는 기관은 있지만 이를 일관성 있게 추진까지 담당하는 기관은 없다. 그런 점에서 과거 경제기획원은 IBRD(세계부흥개발은행)나 IMF(국제통화기금) 등 국제기구나 다른 개발도상국들로부터 벤치마킹의 대상이 되기도 하였다.

개인적으로 나는 경제기획원의 마지막 경제기획국장을 맡았고, 경제기획원이 재정경제원으로 바뀔 때는 재정경제원 초대 경제정책국장이 되었다. 그 역사의 소용돌이 속에서 나는 마치 종가의 대를 잇는 종손의 심정이었다.

부처 이름이야 어떻게 바뀌었든 간에 경제기획국장이나 경제정책국장은 경제 관리로서는 종갓집 종손 같은 보직이었던 것이다. 지금도 기획재정부 내에서 어지간한 정책조정이나 종합은 경제정책국에서 한다. 경제 관료들은 경제기획국장이나 경제정책국장 직을 역임했다고 하면 그 자체로 인정해 준다.

비록 재무부와 통합되면서 경제기획원의 이름은 역사 속으로 사라졌지만 경제기획원은 우리나라 경제발전 과정에서 핵심적인 기능을 수행했다는 평가를 받고 있다. 이렇듯 경제기획원이 뚜렷한 족적을 남기게 된 것은 특정 분야, 특정 산업만을 담당하는 다른 부처와는 달리 그 업무가 전반적인 국가 경제를 대상으로 함으로써 생각하는 범위가 넓은 것은 물론이고 어느 한 분야에만 치우치지 않는 균형 감각을 갖추고 있었기 때문이다.

경제기획원은 이후 이름을 바꾸어 기획재정부까지 이르게 되었지만 원래 경제기획원이 가지고 있던 역할은 차츰 약화되어 갔다. 현재 기획재정부 장관은 부총리 직함도 없다. 경제정책은 외교, 국방 등 타 분야와는 달리 정책 간의 조화가(police mix) 잘 이루어져야 한다. 예산, 세제, 금융, 산업정책 등이 한 방향으로 조화롭게 추진돼야 하고 이를 위해서는 원활한 조정 기능이 필요하다.

앞으로 정부 조직 개편을 거론할 때도 과거의 조직 개편을 경험삼아 시대적 요구에 맞는 실효성 있는 기구가 되도록 노력해야 할 것이다. 앞에서도 언급했지만 경제기획원 같은 미래전략원이 절실히 요구된다.

돈 안 들이고
삶의 질을 바꾸자

경제기획원 경제기획국장 때 일이다.

나는 효율적인 근무와 생활의 질 향상을 위해 주5일제의 시작이 된 '격주휴무제'와 '조기출퇴근제'를 제안했다.

격주휴무제

요즘 젊은이들은 잘 모르는 말이겠지만 '반 공일'이라는 말이 있었다. 토요일을 일컬었던 말로, 하루 중 반만 근무하고 반은 노는 날이라는 뜻이었다. 격주휴무제도는 이런 토요일 근무의 비효율성에서 착안된 제도였다. 토요일에 나와서 얼굴만 비치듯 얼씬

거리다가 퇴근하는 것이 오히려 업무의 효율성을 떨어뜨린다고 판단한 것이다. 업종에 따라 차이는 있었겠지만 일을 하다 말고 점심만 먹고 퇴근하는 직장인들이 적지 않았다. 나는 차라리 그 시간을 휴식과 재충전의 시간으로 활용하는 것이 더 효율적이라고 판단했다.

'우리나라 말고 토요일에 일하는 나라가 있나?'

여러 나라로 해외출장을 다녀보아도 토요일에 일하는 나라를 찾아보기 어려웠다. 직접 조사를 해 보았더니 우리보다 못 사는 동남아 국가들도 대부분 토요일에 쉬고 있었다. 대만은 격주휴무제를 하고 있었고, 미국, 일본, 유럽이나 남미는 주 5일제 근무가 일상화되어 토요일은 이미 휴일로 자리잡고 있었다. 당시 분위기로 보아 주 5일제는 시기상조로 생각되어 격주휴무제를 제안하였다.

토요일 한 주는 평일처럼 종일 제대로 일하고, 그 다음 한 주는 쉬는 것이 훨씬 효율적이라고 생각되었다. 새벽밥 먹고 만원버스나 콩나물시루 같은 지하철에 시달리며 어렵게 출근해서는 서너 시간 얼쩡대다가 점심 때가 되면 금세 퇴근하는 것은 아무리 따져보아도 이익보다는 손실이 더 커 보였다. 그렇다고 정부에서 기업의 근무 제도까지 이래라 저래라 간섭할 수는 없는 노릇이었고, 우선 정부부터 격주 휴무를 하자고 제안했다.

내 제안이 받아들여져서 마침내 격주 근무가 실시되었다. 그런데 문제가 있었다. 내가 제안했던 당초 안이 총무처를 거치면서 변질이 되어버렸던 것이다. 전 공무원을 격주로 근무하게 하자는 것이 내 제안이었는데, 정작 시행될 때는 직원을 반씩 나눠서 반은 일하고 반은 쉬게 했다. 그런 형태로 일 진행이 제대로 될 리가 없었다.

매주 토요일마다 직원의 절반은 돌아가며 쉴 수 있었지만 출근해서 근무하는 직원들은 반쯤 비어 있는 공간에서 업무 능률이 오르지 않았고 오히려 하루 종일 노는 분위기가 되어버렸다. 일의 효율성도 없고, 에너지 절약도 되지 않았다. 그러다가 IMF체제가 되자 일을 더 해야 한다며 원위치로 돌아섰다. 그리고 몇 년 후 IMF가 조금 수습이 되자 다시 격주휴무제를 시행했다.

비록 애초에 내가 제안했던 격주휴무제는 아니더라도 그래도 그것이 모태가 되어 오늘날의 주 5일제를 실시하게 되었다.

조기출퇴근제

'조기출퇴근제' 도 역시 일의 효율성과 관련이 깊다. 우리나라는 관공서나 대부분의 회사가 오전 9시 출근해서 오후 6시 퇴근 형태로 일한다. 만일 출퇴근을 1시간씩 앞당기면 돈 안 들이고 사회 전체의 효율성도 높이고 생활의 질도 향상시킬 수 있다고 본다.

현재의 9–6 근무 시스템은 여유시간이 아침, 저녁시간으로 분

산되어 효율적으로 사용하기 어렵다. 9–6 근무 형태에서는 오전 근무시간은 3시간인데 비해, 오후 근무시간은 점심시간 1시간을 빼더라도 5시간이다. 특히 겨울철에는 퇴근 시간이면 밤이 되어 저녁 약속을 많이 하게 된다.

우리나라처럼 천연자원이 부족한 나라들은 고부가가치 지식자원을 중점적으로 육성해야 한다. 그러자면 국민 모두가 평생교육 등을 통해 자기 발전에 투자를 많이 해야 한다. 정보화, 세계화 등 경제 · 사회 여건이 급격히 변화하는 데다 평균 수명도 길어져서, 이미 구식이 되어버린 과거 지식만으로 버티는 데에는 한계가 있는 것이다. 그런데도 우리나라 성인의 평생학습 참여율은 선진 외국에 비해 매우 낮은 편이다. 따라서 재교육을 받을 수 있는 근무 시스템 개선 등 사회적 여건 조성이 그 무엇보다 절실한 형편이다.

근무형태를 1시간 당겨 8–5 시스템이 되면 아침시간은 현재보다 바빠지겠지만 퇴근시간 이후가 길어져서 그 시간을 효율적으로 활용할 수 있다. 외국어, 컴퓨터 등을 공부하거나 수영, 테니스, 등산 등을 즐길 것이다. 특별한 일정이 없는 날엔 일찍 집에 돌아가서 가족들과 함께 하는 시간도 많이 늘어날 것이다. 여름철 오후 5시면 대낮이라서 저녁식사나 술을 먹기에는 이르다. 조기출퇴근은 우리국민들의 과도한 음주 문화를 바꾸는 데에도 일조를 하게 되고, 건전한 가족 문화를 만들어 가는 데에 크게 기여할 것이다.

우리나라도 1986~1988년, 올림픽에 대비해 서머타임을 실시한 적이 있었다. 현재 경제협력개발기구(OECD) 국가 중 지리적으로 서머타임이 불필요한 아이슬란드를 제외하면 서머타임을 실시하지 않는 나라는 일본과 한국뿐이다. 선진국의 많은 공공기관, 기업은 평시에도 8시에 출근하는 경우가 많다.

또 조기출퇴근하면 에너지 절약 효과도 크다. 앞으로 유가는 계속 상승한다고 보았을 때 조기출퇴근은 가장 좋은 에너지 절약 시책 중의 하나이다. 우리나라는 그동안 서머타임이 주로 에너지 절약 대책으로 강조되었다. 조기출퇴근은 에너지 절약 외에 돈 안 들이면서 국가 경쟁력과 개인의 삶의 질을 높이는 데 큰 효과가 있을 것이라고 본다.

아직까지 실시가 되지 않는 것은 공무원이나 사무직의 경우 퇴근시간이 지켜지지 않아 조기 출근하면 근무시간만 늘어날 것을 염려하여 반대하기 때문이다. 그 점은 이해가 간다. 따라서 근무시간이 정확한 공장근로자부터 시행하는 것도 고려해 볼만하다.

사회적 약자에게는 배려,
공직자에게는 투명

80년 대 중반, 예산실에서 문교예산과장으로 근무할 때 일이다.

당시 문교부에서 국립으로 장애인특수학교를 만들자는 요구가 있었다. 장애인을 위한 학교를 건립하자는 의도가 타당한 것 같아서 관련 예산을 예산 심의회에 상정했다.

"어제 영재학교도 안 됐는데, 장애인특수학교도 곤란하지 않을까?"

마침 전날 과기부에서 영재학교 설립을 위한 예산을 요구했는데 심의에서 부결 되었다는 소식을 들었다. 그럼에도 나는 장애인특수학교 설립을 위한 예산이 필요하다며 토론으로 밀어붙였다.

"영재를 기르는 것도 중요하지만 장애인을 위한 복지도 필요합니다."

영재의 경우 사회적인 지원을 받기도 하고, 가정에서도 웬만큼 은 지원할 수 있지만 장애인의 경우는 다르다고 보았다. 장애인의 경우에는 일반 가정에서도 돌보기 힘든 면이 있기 때문에 국가적인 차원의 돌봄시설이 절실히 요구되는 실정이었다. 정부가 사회적 약자에 대한 배려를 하지 않으면 그들의 삶은 더욱 어려워질 수밖에 없는 것이 자명한 사실이었다.

그래서 장애인특수학교 예산을 놓고 열띤 토론이 이어졌다. 몇 시간에 걸쳐 토론에 토론을 거듭하며 주변 사람들을 설득했다. 그래서 결국 예산 심의를 통과시킬 수 있었다. 예산실에 있으면서 수없이 많은 예산을 배정하였지만 장애인특수학교 설립을 위한 예산 배정은 다른 무엇보다 가슴 뿌듯한 일이었다.

정부에서 일하면서 정부의 효율성도 높이고, 국민을 위한 의무를 다하는 방법 중 하나가 행정의 투명성을 제고하는 일이었다. 정부가 하고 있는 일을 국민에게 상세히 알림으로써 국민에 의한 정부감시와 평가가 가능해질 수 있게 해야 하는 것이다. 그러기 위해서는 무엇보다도 기록이 중요하다. 주인의식이 부족하고 업무성과를 단기간에 평가하기 어려운 공공부문의 특성상 훗날 기록 공개를 통해 엄격한 평가를 받게 된다는 사실을 알면 공직자들은 한층 더 무거운 책임의식을 느끼게 될 것이다.

1980년 5.17 이후 계엄령 선포와 국가보위특별위원회 설치를 위한 국무회의에 참석했던 국무위원들의 당시 발언 내용이 뒤늦게라도 발표 되었다면 어떻게 됐을까? 아마도 국민들은 그 당시 국무위원들에 대한 나름대로의 평가를 할 것이다. 예컨대 대통령이나 여당의 뜻에 어긋나더라도 국가의 장래를 위해 소신 있는 발언을 한 국무위원이 있었다면 사후에라도 국민들은 그런 국무위원의 충정을 알아줄 것이고 그렇게 되면 공직자의 책임성은 더욱 높아질 것이다.

하지만 우리는 정부의 중요한 정책 결정 과정에 대한 기록을 찾아보기 어렵다. 과거 부실기업 정리를 위한 수많은 경제장관회의가 열렸으나 참석자들의 발언 내용은 하나도 기록되어 있지 않다. 몇 시간씩 열띤 토론을 한 적은 많아도 회의 자료에는 "원안대로 의결", "보류"등 최종 결과만 간단히 기록될 뿐 누가 무슨 이유로 반대를 하고, 찬성하였는지 남아 있지 않은 것이다.

현재 국무회의와 차관회의도 속기록이 없다. 앞으로 국무회의와 차관회의 등 적어도 차관급 이상의 인사가 참여하는 회의는 발언내용까지 녹음 또는 속기하여 기록해야 한다. 내용의 성격에 따라 법령으로 공개유예기간을 정해서 그 기간에는 비밀을 유지하되, 그 기간이 경과하면 반드시 관보를 통하여 공개토록 하여야 한다. 특정인의 요구가 없더라도 일정기간 이후에는 반드시 공개토록 함으로써 공직자들이 자기가 한 일에 대해 역사의 심판을 받는다는 의식을 갖도록 해야 한다. 일정한 유예기간을 두지 않고 기록하면 야당이나 시민단체 등이 즉시 공개하라고 요구할 수 있다. 그렇게 되면 여론이나 여타의 후폭풍을 우려해서 아예 제대로 기록을 안 하게 되거나 소신껏 토의를 하지 못하게 된다. 내가 정부에 있을 때 여러 번 주장하였으나 아직까지 개선되지 않고 있어서 안타까울 따름이다.

국제기구 직원들이 한국출장을 와서 일하는 것을 보면, 예컨대 4일 일정의 경우 마지막 날은 자료 정리에 대부분의 시간을 할애한다. 기록은 짧게 봐서는 정보이며 길게는 역사가 된다. 과거 우리 선조들은 기록정신이 대단했다. 조선시대에는 승정원, 춘추관 등을 두어 조정의 발언까지도 기록했다. 특히 정조 때는 수원성을 축조하는 과정에서 성 공사를 위하여 동원된 인부의 수, 출신 지역까지 기록했다.

정부 기록 보존소 기능을 강화해서 적극적으로 기록을 수집해야 한다. 미국의 경우 백악관에 기록수집관이 파견되어 수시로 중요사항에 관한 자료를 현장에서 수집한다고 한다. 우리나라도 기록보존소의 자료 요구권을 강화하고 요구된 자료는 특별한 경우가 아니면 주도록 하여야 한다. 자료보관, 정보공유 등을 정부개혁의 중요 과제로 인식하여, 관련 부서는 이를 지속적으로 챙겨야 하며 감사원의 감사 대상으로 삼아야 한다. 이런 점은 기관장들도 관심을 가져야 할 것이다.

특히 정부개혁의 투명성을 확보하기 위해 국무회의 기록만큼은 반드시 이루어져야 한다. 그래서 국민의 알 권리를 충족시켜주고, 공무원들이 소신을 가지고 일할 수 있도록 해야 한다.

공무원이 한발 앞서가야 국민이 편하다

공무원은 항상 문제의식을 갖고 국민보다 한발 앞서가야 한다. 그래야 국가적으로 위기가 찾아오더라도 미리 준비하여 피해를 최소화 할 수 있다. 내가 조달청 차장으로 근무할 때였다. 업무량이 그리 많지 않아 국가정책 전반에 걸쳐 생각을 많이 했다. 그 중 일부는 신문 기고를 통해 문제제기를 했다.

허위공시에 솜방망이 처벌

1997년 5월, 우리나라에 외환위기가 닥쳐오기 몇 달 전이었다. 그때 나는 매일경제에 '허위공시가 국민경제 망친다' 는 칼럼을 썼다.

여느 때와 다름없이 신문을 보았다. 당시 미국에 있는 일본 다이와은행 미국지점에서 금융사고가 일어난 내용의 기사가 눈에 띄었다. 금융 사고가 미국인들에게 큰 피해는 주지 않았지만 보고를 태만히 한 것이 문제였다. 그것을 미국 정부에서 발견하게 되었고, 미국 정부는 다이와은행의 허위보고, 불성실보고에 벌금 3억4천만 불(약 3700억 원)을 부과했다는 내용이었다.

'아, 다른 나라는 허위공시에 대해 엄격하구나!'

그 기사를 보고 다른 나라는 허위공시에 대해 강하게 처벌한다는 것을 알게 되었다. 우리나라도 그런 허위보고나 허위공시에 대해서는 엄격하게 처벌할 필요가 있다고 생각한다. 기업을 하는 사람들은 재무제표를 정확하게 만들어야 하는데, 외환위기 주범이 되었던 많은 기업들이 은행에 낸 재무제표를 보면 엉터리가 많았다. 심지어 은행의 재무 상태도 엉터리인 경우가 많았다.

분식회계를 보통으로 하는데도 당시에는 문제의식이 없었다. 당연히 엉터리 보고에 엄한 처벌을 하지도 않았다. IMF 위기도 엉터리 재무보고서 때문에 사전 예방을 못해 생긴 것이다.

IMF 전에 쓴 글인데, 마치 예견된 것처럼 몇 달 되지 않아 외환위기가 닥쳐왔고 그것을 바라보고 있는 나는 누구보다 가슴이 아팠다. 조달청 차장의 눈에도 문제의식과 위기의식이 느껴지는데 금융당국자들은 무엇을 했는지 정말 답답하고 안타깝기만 했다.

기업공시제도 개선 필요

崔 鍾 璨

<조달청 차장>

허위공시가 국민경제 망친다

기업 재무구조개선
증시회복 위해
거짓공시에 대한
처벌 강화해야

우리 경제에 있어 구조적으로 개혁해야 할 분야 중 하나가 기업공시제도 강화라고 할 수 있다. 그동안 우리는 기업의 비리나 잘못된 거래행위를 가려내기 위해 부단히 처벌규정 등을 보완 강화해 왔으며 그 결과 제도 자체는 비교적 잘 갖추어져 있다고 할 수 있다.

그러나 감독기관이 이를 규정에 따라 효과적으로 기업을 감독하려면 기업에서 정확한 보고를 받아야 하는데, 실제로는 「엉터리 보고」가 비일비재하고 이러한 보고가 여과없이 그대로 일반에 공시되고 있다. 또 이에 대한 처벌규정은 매우 관대해 각종 제도가 실효를 거두지 못하고 있다.

그러므로 차제에 거짓보고 및 공시에 대한 처벌을 대폭 강화하는 방향으로 기업공시제도를 개선할 필요가 있다.

우선 다음 부분의 공시를 강화해야 한다고 본다.

첫째는 금융의 건전성 확보와 관련된 부분이다. 금융기관 부채가 많아 금융기관의 감시 대상이 되는 기업이 금융기관에서의 대출은 물론 계열사에 대한 보증 등이 신속, 정확히 공시되어 정보가 금융기관간 공유되면 재무구조가 불량한 기업이 설 땅이 없어질 것이다.

예컨대 A회사 자체는 수익성이 좋지만 수익성이 나쁜 계열사에 거액의 보증을 섰다고 하면 금융기관이 돈을 제대로 빌려 주겠는가.

둘째는 작년에 이미 부분적으로 강화되긴 했지만 재벌 계열사간의 내부거래에 대한 공시를 강화해야 한다.

우리나라 재벌의 문제는 계열사간 내부거래로 인해 공정한 경쟁이 이루어지지 않는데 있다. 즉 재벌 계열사와 비재벌 계열사가 경쟁을 할 때 재벌 계열사가 경영을 잘해서 시장점유율이 커지는 것보다는 계열회사의 특혜적인 지원에 의해 비재벌 회사를 밀어내는 경우가 흔하다. 이런 경우 불공정한 내부거래가 일일이 공개되면 재벌 특유의 선단식 경영은 어려워지고 그룹식 경영의 장점도 없어질 것이다.

예컨대 시멘트가 부족할 때 다른 건설회사에는 고가로 판매하면서 계열 건설회사에는 저가로 많은 양을 배정하여 밀어주는 예도 있을 수 있다. 또 재벌계열의 반도체회사가 이익이 많이 나니까 적자가 나는 계열회사의 주식을 비싸게 사줌으로써 적자회사에 자금을 지원한 예도 있는데 이로 인해 반도체회사는 법인세를 줄이고 적자회사는 자금지원을 받음으로써 동종업종의 타회사에 비해 경쟁력을 확보할 수 있게 된 것이다.

셋째, 증시 및 국민경제의 건전한 발전을 위하여 상장기업의 경영상태, 경영전략과 기업의 대주주 특히 상장기업의 대주주와 기업간의 거래관계를 소상히 밝혀야 할 것이다.

상장회사의 경우 공시를 믿을 수 없으니 내부거래가 성행하고 선량한 투자자는 증시를 떠나가게 될 수밖에 없다. 일전에 어느 상장제약회사의 대주주가 회사 건물을 터무니없이 싼 가격에 자기 부인에게 매각하고 즉시 매각가격보다 비싼 가격으로 임차한 것이 보도된 적이 있다. 또 한 예로 모그룹의 대주주가 상장된 계열회사에서 다른 계열회사 주식을 개인 소유로 싸게 넘겨받아 다른 기업에 비싸게 매각한 사례가 있었다.

재무구조가 불량한 기업, 부실 금융기관, 불공정한 재벌경영, 부도덕한 대주주의 전횡을 정부 혼자 규제로 막으려 하지 말고 기업경영의 공시를 제대로 하여 정부는 물론 일반투자가, 금융기관, 투자자, 소비자 등 전체 국민이 이를 감시토록 하면 훨씬 효과적일 것이다.

이와같은 공시제도가 실효를 거두려면 거짓보고 및 공시에 대한 처벌을 대폭 강화해야 한다.

외국의 예를 참고하면 「96년 미국의 금융당국은 일본 다이와은행의 불성실 신고에 대해 무려 3억4천만달러(3천32억8천만원)의 벌금을 부과한 바 있으며, 최근에는 대만 인터내셔널 커머셜 뱅크 오브 차이나(ICBC)에 2천2백30만달러(1백98억9천만원)의 벌금을 부과하였는데, 그 이유는 ICBC가 84년 미국계 은행을 매입할 때 대만 정부가 ICBC의 주식 43%를 소유하고 있다는 사실을 보고하지 않았다는 것이다.

영국 감독기관도 최근 모건 그렌펠 신탁회사가 회사의 막대한 손실로 투자자를 불안케 한 위법행위를 사전에 감지하지 못했다는 이유로 이 회사에 3백30만달러(29억4천만원)의 벌금을 부과하였다.

이와같이 외국에서는 부실 또는 거짓보고에 대해 아주 엄한 처벌을 가해 기업의 건전한 경영을 제도적으로 유도하고 있다.

그러나 우리 사회는 전반적으로 거짓에 대해 너무 관대하다.

몇천만원 미만의 벌금 또는 징역에 처하도록 되어 있으나 공시를 허술히 하여 회사가 어려워졌다는 이야기는 없다. 따라서 앞으로는 불성실 공시에 대해서는 처벌을 대폭 강화해 내용에 따라 미국식으로 수십억 또는 수백억원의 벌금과 2~3년간 증자, 공개, 해외금융 금지 등의 처벌을 도입해야 할 것이다.

한보에서 보는 바와 같이 기업이 자신의 실상을 제대로 신고·공시하지 않음으로 인해 국민 경제에 엄청난 악영향을 끼친 점을 감안할 때 거짓보고에 대한 이 정도의 처벌은 결코 가혹하지 않다고 생각한다.

매일경제신문(97.5.3.)5면

정부는 국민보다 한발 앞서서 세상을 보는 안목을 가지고 대비할 수 있어야 한다.

수준별 수업해야

1997년 8월, 나는 신문 기고를 통해 수준별 수업을 제안했다. 과거 모 방송국에서 방영한 교육관련 특집 프로그램을 본 적이 있었다. 프로그램 중 충격적인 장면은 수업시간에 앞줄의 1/4정도는 엎드려 자고 있는데도 선생님은 아무런 제지도 하지 않고 태연하게 수업을 진행하고 있었다.

조금 과장하자면 그 당시 학교는 그저 학적을 두는 곳이고, 공부는 학원에서 하는 경우가 대부분이었다. 학교 수업이 학생들의 수요를 충족시키지 못하는 현실이었다. 맞춤교육이 안 되는 것은 교사 일인당 학생 수가 많은 것도 원인이겠지만 능력이 다른 학생을 동시에 가르치는 현실도 큰 문제였다.

공부를 잘해서 일류대학을 목표로 하는 학생과 대학을 포기한 학생이 같은 반에서 공부하면 선생님은 도대체 누구를 기준으로 가르쳐야 하는 것인가? 무엇을 가르치든 어떤 학생에게는 너무 쉽고 어떤 학생에게는 너무 어려운 내용이 될 수밖에 없다. 선생님이 아무리 유능하다 해도 어차피 일부 학생만 만족시키는 수업이 불가피한 것이다. 이런 상태에서 수업분위기가 제대로 유지되기는 어려울 것이다.

최근 수준별 수업이 어느 정도 추진되고 있는데, 그 당시에는 주무부서가 왜 그 문제를 인식하지 못했는지 안타깝다.

제2외국어 선택을 늘리다

기획예산처 차관 시절의 일이다.

하루는 집에 들어갔는데 고3인 둘째가 독일어 공부를 하고 있었다.

"너 공대 지망한다고 하지 않았어? 그런데 왜 독일어를 공부하고 있어?"

"우리 학교는 독일어가 제2외국어에요. 내신에 들어간다는데 공부 안할 수 있나요?"

"그럼 이왕이면 일어나 중국어를 배우지 그랬어?"

"우리 학교에서 가르치는 건 독일어밖에 없는 걸요?"

아이의 말을 들어보니 학년 당 15학급이나 되는 학교에서 제2외국어가 독일어 하나밖에 없다는 것이다. 내가 서울대 시험을 볼 때도 독일어를 선택할 수밖에 없었다. 세상은 하루가 다르게 변해 가는데 학교는 변하지 않고 수십 년 동안 독일어 수업만 답습하고 있는 꼴이었다.

차관회의가 끝나갈 즈음 나는 제2외국어에 대한 의견을 내놓았다. 제2외국어가 필요한 사람들이 선택을 해야 하는데, 강제로 하나만 정해놓고 공부하라는 게 말이 되느냐고 토로했다. 서울시 인문계 고등학교는 제2외국어가 의무였다. 하지만 학생이 배우고 싶은 외국어를 선택할 수는 없었다. 독일어 교사밖에 없으니 독일어를 배우라는 것이다.

다행히 그 후 일부 개선책이 마련되었다. 서울 시내 한 학교당 1개만 있던 제2외국어를 2개 이상의 복수 체제로 만들어서 학생들에게 선택을 할 수 있도록 한 것이다. 영어도 제대로 못하는데 과연 제2외국어까지 강제로 배우도록 해야 하는지 의문이다.

교육은 전면적으로 개혁이 필요하다고 생각된다. 정말 중요하면서도 제대로 거론 안 되는 것이 교과 과목과 교과서 내용개선이라고 생각된다. 민주주의는 국민 의사에 따라 결정되는데 국민 의식이 비합리적이면 정책도 제대로 될 리 없다. 현재 아이들에게 가르치는 내용이 제대로 된 것인지 전면 검토할 필요가 있다. 학교 폭력 등을 보면 무엇인가 크게 잘못된 것 같다.

규정에만 얽매인 공무원

공무원에게 국민을 위한 수요자 위주의 행정의식이 절실하다. 우리사회의 많은 조직 중에서 매너리즘이 만연한 조직이 아마도 공무원 조직이 아닐까 싶다. 특별히 아이디어를 내지 않아도, 조직의 틀에 맞춰 나가기만 해도 직장에서의 존립은 문제가 없으니 말이다. 오죽하면 '철밥통' 이라는 말까지 나왔겠는가.

각종 규정이란 것이 국민을 위해 존재하는 것인데 많은 공무원들이 규정에만 얽매어 국민을 불편하게 하는 경우가 많다.

건설교통부 차관 시절 때 일이다.

그린벨트로 지정된 구역의 부지를 밤 시간에만 주차장으로 쓰게 해달라는 민원이 있었다. 그린벨트로 지정되기는 했지만 나무도 없는 허허벌판이었다. 딱히 보호가 필요한 곳도 아니고, 주차장으로 활용해도 그다지 큰 문제는 없을 것 같아서 담당자에게 검토해보라고 했다. 담당자의 대답은 단호했다.

"규정 때문에 안 됩니다."

다른 문제가 있는 것이 아니라 단지 규정 때문에 안 된다는 보고였다. 내가 보기에 다른 용도로 사용이 가능할 것 같은데, 도대체 무슨 규정 때문에 안 되는지 정말 궁금했다.

"그렇다면 왜 그런 규정이 생겼는지, 누가 그 규정을 만들었는지 알아보세요."

단순히 규정 때문이라면 충분히 유연성을 발휘할 수도 있으니 다시 알아보라고 지시했다.

"저희 과에서 만든 규정입니다."

그 말에는 기가 차서 더 이상 말이 나오지 않았다. 자기들이 만든 규정을 놓고 무작정 규정만 주장하는 것은 무슨 경우란 말인가. 그 규정이라는 것이 공익을 보호하기 위한 것도 아니고 단지 담당 공무원들 스스로가 일하기 편한 방식으로 만든 규정에 지나지 않았던 것이다.

"그럼, 당신이 개정안을 내세요."

그렇게 해서 스스로 덫을 놓은 규정을 고치게 되었다.

공무원은 겨울철에 39시간 근무

과거 겨울철에는 아무 논리도 없이 공무원 근무시간이 단축되었다. 주5일제가 실시되기 전까지 공무원의 퇴근시간이 겨울철에는 1시간 줄어들었다. 즉 11월부터 2월까지 공무원은 주당 39시간을 일하는 꼴이 되었다. 당시 우리나라 근로기준법에 명시된 근로자의 주당 노동시간이 45시간인데도 말이다.

10월 중 차관회의에 11월 1일부터 근무시간을 오후 5시로 당긴다는 내용의 공무원 복무규정 관련 안건이 올라와 있었다. 일반 기업체는 주당 45시간을 근무하는데 공무원은 무슨 근거로 한 시간을 당겨서 퇴근을 한단 말인가? 나 역시 공무원이었지만 도무지 납득할만한 이유가 없어서 문제제기를 했다.

"왜 공무원들의 근무시간을 당깁니까? 근무시간이 7시간인 이유가 뭡니까?"

이유를 묻자 겨우 한다는 대답이 겨울에는 민원인이 오지 않기 때문이라는 궁색한 답변이 나왔다. 겨울이라 추워서 민원인이 오지 않는다는 것은 누구의 판단이란 말인가. 결코 합당한 대답이 아니었다.

"보통 때 9시간 하다가 8시간을 하는 건데 뭐가 문제란 건가요?"

내가 물러서지 않고 문제제기를 하자 누군가가 그렇게 따지듯 물었다. 내가 어떻게 해서 근무시간이 9시간이 되느냐고 되묻자 그는 점심시간까지 포함해서 평소 근무시간이 9시간이라고 답변했다. 나는 그 자리에서 노동부 차관에게 유권해석을 해달라고 부탁했다.

"우리나라는 점심시간 1시간이 노동시간에서 빠집니다."

공무원이 하루 근무시간을 7시간으로 한 시간을 당겨서 근무를 하자 국영기업체까지 따라서 했다. 겨울철에도 국민들은 주당 45시간을 일하는데, 공무원은 아무 논리도 없이 주당 39시간으로 1시간씩 일을 덜 하게 된 것이다. 퇴근시간이 당겨져 시간 외 수당도 더 나갔을 것이다.

그렇게 문제제기를 했지만 고쳐지지 않아 국민들에게 죄송한 마음이었다. 어처구니없는 제도가 장기간 반복되었다. 차관회의 속기록이 있으면 당시 토론을 밝힐 수 있겠지만 그마저 없으니 안타깝다. 본격적인 주5일제를 하면서 겨울철에도 퇴근시간이 6시로 되었다. 주5일 근무제 아래서도 하루 7시간을 일한다면 누가 봐도 몰매 맞을 일이었으니 그렇게 못했던 것 같다.

행정에도 생산성을 높여야 한다

공직 생활을 하면서 주로 느낀 것이 공무원들의 '일하는 방식'의 문제점이었다. 그래서 공직을 떠나서 신문에 기고할 일이 생길 때 이 문제에 대해 다각도로 문제제기를 하기도 했다.

요즘은 많이 나아졌지만 아직 갈 길이 멀다. 다른 어떤 조직사회보다 공직사회의 낭비와 비효율이 심한 편이었다. 공무원들은 열심히 일한다고 하지만 국민들이 원하는 서비스를 받지 못하는 것은, 근본적으로 수요자 위주의 서비스 정신이 부족하기 때문이다.

각종 위원회나 회의의 비능률이 많다. 회의 안건이 특정 몇 개 부처에만 관계되는 데도 정족수 문제 등을 이유로 억지로 참석해야 하는 경우도 많았고, 국무총리나 장관이 소집하는 회의에는 대리참석도 어려웠다.

수년전 국무총리를 위원장으로 하는 사회보장 심의회의가 있었다. 건설교통부 장관도 위원이었다. 그런데 그날의 안건은 정부의 지원대상이 되는 영세민들의 실소득을 어떻게 파악하느냐로, 건교부와 사실상 무관했다. 그러나 국무총리가 주재하는 회의에 위원인 건교부장관이 불참할 수 없어서 당시 차관이었던 내가 대리참석하였다. 당시 나는 중요한 그린벨트 해제 관련 토의를 할 예정이었으나 우리 부처와 관련도 없는 회의 참석을 위해 본업은 뒷전으로 미뤄야 했다. 이런 비생산적인 일은 지금도 숱하게 되풀이된다.

월례 또는 주례 회의의 경우에도 10분 보고를 위해 2~3시간을 기다려야 하는 일이 다반사다. 아무 결정도 하지 않고 하루 종일 이 회의 저 회의 번갈아 참석한 날도 적지 않다. 국장급 이상 고위 관계자가 실무자의 보고서 문안 가운데 사소한 자구 표현을 문제 삼아 결재를 며칠씩 끄는 경우도 비일비재했다.

민간부문과 달리 공직사회에는 비용이나 효율 개념이 적고, 이를 견제하는 사람도 없다. 법안이나 제도로는 불가능한 만큼 고위 관리자들 스스로의 의식 혁신이 필요하다.

공무원 사회에는 법 규정에 어긋나지 않고 뇌물만 받지 않으면

공무원 '일하는 방식' 공개비판한
崔鍾庫 前 기획예산처 차관

"간부회의때 자기보고는 15분, 남의 보고 듣는데 2~3시간…"

"아무도 안읽을 장관강연자료 위해 고급간부 3명이 토·일요일 꼬박 허비"

보고서 문안 字句 문제삼아 결재 장시간 끄는 경우 흔해

"법만 지키면 OK" 무사안일 비용·효율개념 중시해야

줄줄이 각종 위원회 배어

지침전달 간결 명료하게

모두 OK라는 전근대적인의식이 여전히 횡행하고 있었다. 상급자가 5~10분을 할애해 정확하고 효과적인 지침을 준다면 하급자는 10~20시간을 절약할 수 있다. 또 의사소통의 부정확함만 없애도 지금 일의 20~30%는 줄일 수 있을 것이다.

정부는 민간부문에 비해 정책 결정이나 민원 처리 속도가 훨씬 느리다. 공무원뿐만 아니라 많은 국민도 늑장 행정을 당연하게 여기는 분위기다. 예를 들어 수도권의 어떤 골프장은 건설 허가를 신청한 지 3년 6개월 만에 착공허가를 받았다고 한다. 토지용도 면에서 골프장 건설에 법적으로 별 문제가 없는데도 각종 영향평가와 의견 조회 등으로 3년 이상이 소요됐다는 것이다. 사실 골프장 건설기간은 1년 반이면 되는데, 그렇게 3년 6개월이란 시

간을 허비하고 나면 결국 비용만 올라가게 된다.

수년 전, 태풍 피해가 극심한 때였다. 피해 복구를 조속히 지원하기 위해 1주일에 한 번 하는 국무회의를 기다릴 수 없어 임시 국무회의를 소집해 재해대책 예비비를 의결했다. 그 후 수해 현장에 국고지원이 늦다는 문제가 제기돼 조사해 보니, 임시 국무회의에서 의결된 예비비 지출 서류에 대통령 서명을 받기 위해 며칠을 허비했던 것이다. 급하다고 임시 국무회의까지 소집한 행정처리가 그러니 일상적으로 진행되는 행정은 어떨지 미루어 짐작할 수 있지 않겠는가.

기업은 '시간이 돈'이란 개념이 분명하다. 건물 건축의 경우 하루라도 빨리 완공하면 임대료를 빨리 받을 수 있어서 늦게 완공하는 경우에 비해 그만큼 돈을 더 벌 수 있다. 그래서 휴일 수당을 2배로 줘가면서까지 공사기간을 단축하려고 기를 쓰는 것이다. 정부의 인허가 기간이 단축되면 민간투자는 그만큼 활발해진다.

앞으로도 '신속한 행정'을 정부혁신의 중요 과제로 삼아야 한다. 이것은 많은 돈이나 시간이 필요한 것이 아니다. 거창한 계획을 필요로 하지도 않는다. 정부의 일하는 방식과 의식만 바꾸면 단기간에 개선할 수 있는데 다른 거창한 정책 과제에 가려 그동안 정책적 관심의 대상이 안 되었다.

신속한 행정을 위해서는 실제 업무처리 기간을 감안해 민원 처리 기간을 가능한 한 짧게 줄여야 한다. 현장 확인에 하루면 충분

시 론

'한 달 걸릴 민원' 하루면 충분

최 종 찬

전 건설교통부 장관
롯데그룹 고문

이번에 실시된 대통령 선거를 보면 국민의 최대 관심사는 경제 활성화이다. 경제를 활성화하기 위해서는 기업의 투자나 경제 활동이 활발히 이뤄져야 한다. 대부분의 기업투자나 경제 활동은 정부 정책이나 규제와 관련이 있다. 정부 정책이 불확실하거나 인허가 절차가 복잡하면 경제 활동은 그만큼 위축된다.

행정 빨라져야 경제 힘 실려

정부는 민간부문에 비해 정책 결정이나 민원 처리 속도가 훨씬 느리다. 공무원뿐만 아니라 많은 국민도 늑장 행정을 당연하게 여기는 분위기다. 예를 들어 수도권의 어떤 골프장은 건설 허가를 신청한 지 3년 6개월 만에 착공허가를 받았다고 한다. 토지용도 면에서 골프장 건설에 법적으로 별문제가 없는데도 각종 영향평가와 의견 조회 등으로 3년 이상이 소요됐다.

수년 전 태풍 피해가 극심한 때였다. 피해 복구를 조속히 지원하기 위해 1주일에 한 번 하는 국무회의를 기다릴 수 없어 임시 국무회의를 소집해 재해대책 예비비를 의결했다. 그 후 수해 현장에 국고지원이 늦다는 문제가 제기돼 조사해 보니 임시 국무회의에서 의결된 예비비 지출 서류에 대통령 서명을 받기 위해 며칠을 허비했던 것이다. 급하다고 임시 국무회의까지 소집한 행정처리가 그러니 보통의 행정은 미루어 짐작할 수 있다.

공무원의 일처리가 늦은 이유는 공직사회에 시간의 기회비용에 대한 인식이 별로 없기 때문이다. 예컨대 고속도로를 건설할 때 뇌물을 먹지 않고 규정을 잘 지키고 비용을 줄이는 데는 관심이 있지만 완공 시기에는 상대적으로 관심이 적다. 신중하게 처리한다는 취지를 넘어 시간이란 요소에 신경을 쓰지 않는 분위기다.

기업은 '시간이 돈'이란 개념이 분명하다. 건물 건축의 경우 하루라도 빨리 완공하면 임대료를 빨리 받을 수 있어 늦게 완공하는 경우에 비해 돈을 더 벌 수 있다. 따라서 휴일 수당을 2배로 주면서도 공기를 단축하려고 노력한다. 정부의 인허가 기간이 단축되면 민간투자는 그만큼 활발해진다.

이제부터는 '신속한 행정'을 정부혁신의 중요 과제로 삼아야 한다. 이것은 많은 돈이나 시간이 필요한 것이 아니다. 거창한 계획을 필요로 하지도 않는다. 정부의 일하는 방식과 의식만 바꾸면 단기간에 개선할 수 있는데 다른 거창한 정책 과제에 가려 그동안 정책적 관심의 대상이 안 되었다.

신속한 행정을 위해서는 첫째, 실제 업무처리 기간을 감안해 민원 처리 기간을 가능한 한 짧게 줄여야 한다. 골프장 인허가에서 서류 검토나 현장 확인에 3년 반이 소요되지는 않는다. 하지만 현장 확인에 하루면 충분한 일도 공무원의 늑장 행정으로 민원 처리 기간이 1주 또는 1개월이나 걸리는 경우가 많다.

단축 기간만큼 민간투자 늘것

따라서 민원 처리 기간을 전면 검토해 큰 폭으로 줄여야 한다. 공무원으로서는 민원 처리 기간이 줄어들면 일이 늘어나 힘들다고 말할지 모른다. 분명한 사실은 민원 처리 기간이 줄어든다고 업무량이 늘어나지 않는다는 점이다. 언젠가는 처리해야 할 일을 빨리 처리하는 것에 불과하다.

처리할 민원이 많아 일이 항상 밀려 있는 상태라면 인원을 조정하거나 업무 프로세스를 바꿔 신속한 서비스를 하도록 해야 한다. 공무원의 일하는 형편에 국민 보고 맞추라고 하지 말고 국민 요구에 정부가 맞춰야 한다.

둘째, 정책 이견이나 갈등 조정을 신속히 해야 한다. 경제부총리나 국무총리가 안 되면 대통령이 나서서 정책의 불확실성을 조기에 해소해야 기업이 투자할 수 있다. 시간은 돈이라는 인식을 갖고 정부가 쉽게 할 수 있는 개혁부터 시작하자.

한 일도 공무원의 늑장 행정으로 민원 처리 기간이 1주 또는 1개월이나 걸리는 경우가 많다. 따라서 민원 처리 기간을 전면 검토하고 큰 폭으로 줄여야 한다. 해당 공무원들은 민원 처리 기간이 줄어들면 일이 늘어나서 힘들다고 말할지도 모르겠다. 하지만 분명한 사실은 민원 처리 기간이 줄어든다고 업무량이 늘어나지 않는다는 점이다. 언젠가는 처리해야 할 일을 조금 빨리 처리하는 것에 불과하다.

처리할 민원이 많아 일이 항상 일이 밀려 있는 상태라면 인원을 조정하거나 업무 프로세스를 바꿔서 신속한 서비스를 하도록 해야 한다. 공무원의 일하는 형편에 국민 보고 맞추라고 하지 말고 국민 요구에 정부가 맞춰야 한다.

그리고 정책 이견이나 갈등 조정을 신속히 해야 한다. 국무총리가 안 되면 대통령이 나서서 정책의 불확실성을 조기에 해소해야 기업이 투자할 수는 환경이 마련된다. 시간은 돈이라는 인식을 갖고 정부가 쉽게 할 수 있는 개혁, 즉 의식개혁이 필요하다. 정부도 국민들에게 서비스를 해야 하는 조직임을 잊지 말았으면 한다.

감사원은 행정서비스 개선을 선도해야

어쩌다 드라마를 보면 검찰의 압수수색에 긴장감이 고조되는 장면이 나온다. 검찰의 수색에 아무것도 할 수 없는 사람들의 표정에 드러난 두려움, 이것이 사정기관에 대한 보통 사람들의 인식이겠구나 싶었다.

이렇듯 감사원 역시 사정기관으로서의 이미지가 강한 것이 사실이다. 공직사회에서는 어떤 기관보다도 두려운 기관으로 인식되고 있을 정도다. 감사원은 일반 부처부터 국방부, 권력기관이라고 일컫는 대통령 비서실, 검찰, 경찰, 지방자치단체, 공기업, 정부산하기관 등 넓은 의미의 모든 공공기관을 감사한다.

앞으로 감사원은 사정기관뿐만 아니라 국민서비스를 제도적으로 높이기 위한 개혁을 선도해야 할 것이다. 감사 결과 회계 부정이나 직무상 위법행위만 지적할 것이 아니라 국민에 대한 서비스가 제대로 안 되면 무엇 때문에 안 되는지를 시스템적으로 분석하여 지적하면 더욱 좋을 것이다.

건교부의 경우 건축에 관한 민원이 너무 많아 본연의 업무를 하는 것이 지장을 받을 정도였다. 그 원인을 분석해 보니, 주민들이 시 · 군에 건축허가를 신청하면 담당공무원이 허가를 해주어도 되는 것인지 애매한 경우 민원인으로 하여금 건교부에 질의를 하여 답변을 받아오도록 하는 경우가 많다고 했다. 건축허가를 해준 후 감사에서 문제가 될 경우 책임 회피를 위해 민원인으로 하여금 건교부의 유권해석을 받아오도록 하는 것이다. 이처럼 공무원들은 감사방향에 따라 크게 영향을 받는다.

그동안 감사원의 감사는 합목적성보다는 합법성에 중점을 두고 있었다고 생각된다. 법치주의 국가에서 공직자들이 법을 지키는 것은 당연한 것이므로 법을 어기면서 합목적성을 추구할 수는 없다. 여기서 지적하고자 하는 것은 기존의 법령이나 제도가 국민에게 서비스하는 데 불편한 점이 있으면 담당 공무원들로 하여금 기존 법령을 지키라고만 할 것이 아니라 법령의 범위 안에서 합목적적으로 운영하거나, 아예 제도 자체를 고치도록 해야 한다는 점이다.

실제로 대부분의 공무원은 업무처리에 있어 고객인 국민의 반

응보다는 감사를 매우 의식한다. 즉 국민을 위해서 필요한 것이라도 그것이 사후 감사에 지적당할 것 같으면 꺼리는 것이 보통이다. 이렇게 되면 감사원이 아무리 사정기관으로서 역할을 잘 해냈다고 하더라도 표면적인 것에 지나지 않게 된다.

김대중 정부 인수위원회 때 감사원과 관련하여 새로운 아이디어를 낸 적이 있었다. 인수위원회는 대통령 당선인을 보좌하여 대통령직의 인수와 관련한 업무를 담당하기 위한 기구다.

김대중 정부가 추진할 100대 과제를 추리고 다듬는 것이 당시 인수위의 역할이기도 했다. 그 당시 내가 감사원에 관한 새로운 제안을 했다.

보통 감사를 한다고 보자.

예를 들어 '왜 인허가를 내주었느냐, 서류 가져와라, 서류가 갖춰지지 않았는데?' 식으로 접근하는데, 내가 제안한 것은 '왜 해주지 않았느냐?' 로 바꾸라는 것이었다. 인허가를 해준 것만 따지지 말고, 안 해준 것은 왜 해주지 않았는지, 보완을 해서 해줄 것이 없는지로 접근하라는 제안이었다.

어찌 보면 단순히 말의 순서를 바꾼 것 같지만 둘 사이에는 확연한 차이가 있다. 공무원이 국민들에게 적극적으로 서비스를 해주는 분위기가 된다는 것이다. 한 마디로 감사원의 기존 이미지에서 역발상을 한 것이었다. 이 제안은 채택되어 김대중 정부 100

대 과제에 포함되었다.

어느 조직이든지 조직 문화는 조직의 최고 책임자의 성향에 영향을 많이 받을 수밖에 없다. 역대 감사원장을 보면 지금까지 16명의 감사원장 중 박정희 대통령 시절에는 주로 군인출신(5명), 그 후에는 법조인(9명), 일반 행정 공무원 출신(2명)이었다.

공직사회를 고객위주의 서비스기관으로 개혁하기 위해서는 감사원이 경영마인드와 서비스정신 위주의 감사로 전환 되어야 할 것이다. 그러기 위해서는 감사원의 인적구성, 감사방향, 조직문화도 그런 방향으로 바뀔 필요가 있다. 즉 인적구성 면에서 법률전문가, 사정마인드가 강한 인사에서 경영마인드가 강한 인사가 많아질 필요가 있다.

1999년 기획예산처 차관시절에 있었던 일이다.

당시 한승헌 감사원장이 임기가 만료되어 후임원장을 선임할 시기였다. 평소 법률전문가보다는 경영마인드가 강한 사람이 감사원장이 되었으면 좋겠다고 생각했던 터라 2쪽짜리 건의서를 만들었다. 당시 미국, 영국, 일본의 감사원장을 조사해보니 일본은 우리와 비슷하게 법률을 전공한 감사기관의 근무 배경을 가진 이었고, 미국과 영국은 경제학박사 또는 회계사 경력을 가진 이들이었다. 그 당시 감사원장은 변호사 출신이고, 6인의 감사위원은 법원, 검찰, 경찰, 감사원 출신으로 대학교 전공학과는 대부분 법률이었다.

사실 기획예산처 업무와 감사원 인선과는 연관이 전혀 없었지만 정부개혁을 위해 개인적인 생각에서 그와 같은 건의서를 만들었고 사적으로 청와대 비서진이나 언론계 인사 등에게 이야기를 하였다. 그 후 어느 주요 일간지에 경영마인드가 있는 인사가 감사원장이 되어야 한다는 사설이 나왔다.

"진념 기획예산처 장관이 감사원장 되고 싶어 차관이 로비하고 다니느냐?"

어느 날 청와대 모 인사가 농담 반 진담 반으로 한 말이었지만 그 순간 깜짝 놀랐다. 당시 진 장관은 그런 내용을 전혀 알지도 못했는데, 선의에서 시작한 일로 괜한 사람을 오해 받게 하겠다 싶어서 그 일을 중단하였다.

그 이후 참여정부가 들어서자 같은 취지의 건의를 정권 인수위 인사에게 한 적이 있었다. 다행히 참여정부에서 경영마인드를 가진 인사가 감사원장이 되어야 한다는 공감대가 형성되었던지 고려대 윤성식 교수가 선정되었다. 하지만 국회 동의를 못 받아 전윤철 원장이 되었다.

그는 김대중 정부에서 경제부총리도 하고 기획예산처 장관도 역임했다. 경제기획원 출신에 공정거래위원장까지 역임한 경제

마인드를 지닌 적임자였다. 이로써 군인이나 법조인이 아닌 경제나 경영관련 인사로는 최초의 감사원장이 탄생한 것이었다.

그러나 그 이후 감사원장은 예전처럼 법조계 출신으로 임명되었다.

社說

감사원 경영마인드 높여야

감사원이 오늘 개원 51돌을 맞았다. 한승헌(韓勝憲)감사원장은 내달 28일 정년퇴임한다. 이를 계기로 감사원의 역할 보완을 권고하고 싶다. 아울러 김대중(金大中)대통령이 앞으로 감사원장 및 감사위원 적임자를 법률가 출신에만 국한하지 말고 국가차원의 경영마인드가 돋보이는 인사 중에서도 폭넓게 찾아봐 주기를 바란다.

새삼스레 말할 필요도 없이 국력을 키우기 위해서는 중앙정부 지방자치단체와 공기업을 포함한 각급 공공기관의 행정 및 재정 효율을 최대한 높여야 한다. 또 국가 성장 잠재력을 더 다지려면 민간 각 부문의 자율적이고 창의적인 경제활동을 촉진하기 위한 정부 서비스의 강화가 긴요하다. 이와 관련해 감사원의 감사활동 방향과 내용이 매우 중요한 의미를 갖는다. 감사가 무엇에 주안을 두고 어떤 잣대에 따라 이루어지느냐 하는 것이 모든 공공부문의 행동양식에 결정적 영향을 미치기 때문이다.

그런데 감사원 감사활동이 행정운영 및 재정집행의 효율과 효용을 충분히 검증하기보다는 법제도 및 규정상의 요건을 지켰는지, 금전적 비리는 없는지를 가리는데 치우친다는 지적이 사라지지 않고 있다. 보다 적극적인 대민(對民)서비스를 위해 제도를 탄력적으로 적용해야 할 필요가 있는 경우에도 법규상 절차를 우선시하는 관료행태가 줄지않는 것도 이같은 감사관행에 크게 영향을 받고 있다는 얘기들이다. 감사에 있어서 행재정(行財政)운영의 생산성보다 적법성 여부가 주로 강조되면 공공부문의 고비용 저효율이 조장될 수도 있다.

물론 뿌리 깊은 부패 및 비리구조를 척결해야 할 필요성에 비추어 감사원의 사정기관적 역할은 매우 중요하다. 하지만 감사원 감사활동이 결과적으로 공직사회의 보신주의를 촉진한다면 이 또한 해결돼야할 과제다. 공직자들이 신상의 불이익을 당하지 않으려고 감사를 지나치게 의식하면 꼭 해야할 대민서비스까지 법규를 핑계삼아 회피하거나 행재정 운영상의 창의성과 적극성이 위축될 우려가 있다. 그래서 정부가 변하려면 감사원부터 변해야 한다는 얘기까지 들린다. 아직도 규제투성이인 현행 법규에만 매달린다고 해서 국가경영의 저비용 고효율까지 보장되는 것은 아니다.

요컨대 감사원 조직에 경영마인드가 좀더 확산될 필요성이 있어 보인다. 이를 위해서는 판사 검사 변호사 경찰 출신 및 법률 전공의 내부기용자들로만 짜여 있는 감사위원 구성에도 다소간의 변화가 요망된다. 미국 영국 등의 경우 우리나라의 감사원과 유사한 정부조직을 공인회계사 출신이나 경제학 박사에 경제부처 관료를 지낸 인사가 이끌고 있다는 점도 참고할 만하다.

디지털로 가는 정부

공직사회에 있다 보면, 새로운 정부가 들어서게 되면 함께 보조를 맞춰 나가야 한다. 공무원은 국민을 위하여 복무하는 사람이기 때문이다. 나는 공무원이 되어 박정희 정부에서부터 노무현 정부까지 있는 자리에서 최선을 다했다.

김대중 정부 때는 인수위원회에 참여하게 되었다. 당시 김대중 정부는 새정치국민회의와 자민련 공동정부였으므로 인수위원은 대부분이 양당의 국회의원과 당 간부였다. 그 아래에 실무위원은 3분의 2가 각 부처에서 파견 나온 공무원이었고, 3분의 1은 당 또는 민간인 출신이었다.

나는 당시 조달청 차장을 하고 있었다. 정부 내에서 종합 조정하는 일을 많이 한 경험 때문에 인수위원회에 각 정책을 종합 조정하는 임무를 하는 수석 전문위원으로 스카우트되었다. 김대중 정부와는 아무 인연이 없었다. 인수위원회의 인연으로 대통령 비서실까지 가게 되었고, 이후 김대중 정부에서 건설교통부 차관, 기획예산처 차관 등을 역임하게 되었다. 2년 간 차관을 해 장수차관에 해당되어 그만두게 되었다.

우리나라는 장관이나 차관을 2년 정도 하면 오래 한 것으로 생각한다. 차관을 끝으로 인생에서 처음으로 놀게 되었다. 대학 4학년 때 행정고시에 합격하여 만 50세에 백수가 되었다. 공직을 천직으로 알고 열심히 달려온 지난날을 생각하니 회한에 젖기도 했다. 아직 일할 수 있는 나이인데, 백수가 되고 보니 명예퇴직한 사람들의 심정을 조금이나마 이해할 것 같았다.

화상 국무회의를 하다

11개월 정도 쉰 2002년 7월, 김대중 대통령 임기 마지막 해에 대통령 비서실 정책기획수석비서관으로 들어가게 되었다. 전에 정책기획수석비서관실의 기획조정비서관을 한 경력이 임명의 배경이 되었다. 그때 김대중 정부에서 대통령 퇴임 때까지 있으면서 기억에 남는 일이 있다.

그 중 하나가 전자정부다.

“간단한 회의를 하는데, 꼭 사람이 와야 하는가?”

여러 부처에서 간단한 회의를 하는데 굳이 사람들이 특정한 장소로 모이는 것은 비효율적이라고 생각해서 전화회의를 시도했다. 정보화시대로 달리고 있는 시대에 민간 기업은 화상회의나 전화회의를 하는데 정부조직이라고 불가능할 것은 없다고 생각했다. 그래서 실제로 전화회의를 여러 번 하게 되었다.

청와대 정책기획수석으로 있으면서 중앙부처 기획관리실장 회의를 전화회의로 주재했다. 20여 개 부처 기획실장들을 청와대로 불러들이던 관례를 깨고 각 부처를 전화로 연결, 30분 만에 회의를 끝냈다. 과천청사에서 청와대까지 오려면 1시간 이상 걸리는데, 30분 회의 하려고 왕복 2시간을 허비하게 된다. 민간 기업은 이런 낭비를 하지 않는다. 쓸데없는 일을 없애야 정부의 효율성이 높아지는 법이다.

이처럼 공직생활을 하면서 비효율적으로 여겼던 회의 문제가 여전히 남아 있었다.

“장관들이 국무회의를 하러 청와대까지 올 필요가 뭐 있습니까?”

당시 광화문 정부종합청사와 과천 재정경제부 청사에 화상 회의실을 만들어 놓았는데 활용하지 않고 있었다. 돈을 들여 만들어 놓은 시설을 활용하지 않는 것도 국가적인 낭비였다. 그래서 대통령께 직접 건의를 했다.

"국무회의를 한 주는 직접 만나서 하고, 한 주는 화상으로 하는 것이 어떻겠습니까?"

"어, 그거 굿 아이디어군요!"

김대중 대통령이 흔쾌히 허락을 해서 격주로 화상회의를 하기로 했다. 화상회의를 할 때 대통령을 포함해서 강북에 있는 장관들은 광화문 종합청사에 모이고, 강남 쪽은 과천 화상회의실에 모여서 서로 화상을 보며 회의를 했다. 노무현 정부에서는 대면 토론을 선호해 중단되었다.

내가 장관 시절에 회의할 때도 능률적으로 하자고 회의 자료를 만들지 못하게 했다. 구두로도 충분히 전달 가능한 것을 굳이 자료를 만들면서 시간을 허비할 필요는 없기 때문이었다. 국장이면 조직 전반이 어떻게 돌아가는지 스스로 파악해야 하는데, 이전까지는 사무관들이 국장들에게 적어주는 것이 일이었다.

매주 월요일 간부회의에 사전자료를 들고 오지 말라고 지시했다. 자료를 그대로 읽지 말고 주요 의제를 중심으로 토론하도록 형식을 바꿨다. 사무관급 이상 직원들에게 부처 운영 건의, 정책 개선 사항 등을 자유롭게 e메일로 보내도록 지시했다. 전화회의나 화상 국무회의를 기획했던 것도 그 이유다.

또한 주인의식을 갖도록 하기 위해 예산을 줄이거나 하면 인센

티브를 주기도 했다. 기획예산처 차관을 할 때도 숙직보다 무인경비시스템을 이용하는 것이 훨씬 효율성이 높다고 판단해서 숙직을 없앴다.

청와대 정책기획수석 재임시 다른 하나는 불필요한 민원서류 없애기였다. 이미 전자정부로 자리를 잡아가고 있었기 때문에 주민등록등본 등을 떼는 것은 절차나 서류를 간소하게 만들어 실행하고 있었다. 물론 예전보다 절차 등이 손쉬운 것도 중요하지만, 정부가 이미 가지고 있는 정보에 대해서는 아예 요구하지 말라는 것이 내 제안이었다.

예를 들어 건교부가 인허가를 하면서 주민등록등초본을 따로 요구하는 것은 불필요하다는 얘기다. 정부 내 자료가 있는 것을 필요하면 공무원이 알아보면 될 것을 굳이 국민들에게 요구하는 것은 문제가 있다는 말이다. 디지털 시대에 정부 차원에서 웬만한 것은 다 처리할 수 있었다. 부처는 다르더라도 정부가 가지고

崔鍾璨 청와대 정책기획 수석

"電子정부 기반 10월말 완성 주민등록등본 뗄 필요없어"

최종찬(崔鍾璨·52·사진) 청와대 정책기획수석은 얼마 전 중앙부처 기획관리실장 회의를 콘퍼런스 콜(전화회의)로 주재했다. 민간이 아닌 관가(街)에서는 이례적인 일이었다.

20여개 부처 기획실장들을 청와대로 불러들이던 관례를 깨고 각 부처를 전화로 연결, 30분 만에 회의를 끝내버린 것이다.

"과천(제2정부종합청사)에서 청와대까지 오려면 1시간 이상 걸립니다. 30분 회의 하려고 왕복 2시간을 허비하는 셈이죠. 민간 기업이라면 이런 낭비는 안 합니다. 쓸데없는 일을 없애야 정부의 효율성이 높아지는 겁니다."

고강도의 공공 부문 개혁론으로 유명한 그는 철저한 시장주의 철학을 갖고 있다. 영세 상인 보호를 목적으로 국회가 만든 '상가임대차보호법' 얘기가 나오자 특유의 독설(毒舌)이 살아났다.

"규제로 문제를 풀어보려는 정책은 성공하기 힘듭니다. 과거에도 주택이며 농지임대차관리법을 만들었다가 다 실패하지 않았습니까." 그는 "상가임대차보호법을 보고 '아직도 경제를 규제로 풀려는 사람이 있구나' 하는 생각이 들었다"고 말했다.

현 정부 마지막 정책수석이 될 가능성이 큰 그는 "새로운 일을 벌이기보다 개혁의 마무리 작업에 진력하겠다"고 말했다. "그동안 추진해온 전자정부(온라인을 통한 행정서비스 제공)의 기반이 10월 말 완성됩니다. 앞으로는 정부가 국민들에게 주민등록등본을 떼오라고 요구하는 일은 없을 겁니다. 정부가 발주하는 모든 물자 조달·입찰도 100% 온라인을 통해 이뤄지게 됩니다."

최 수석은 "전자정부가 완성되면 민원인과 정부 관리가 대면할 일이 적어진다"며 "IT(정보기술)가 부패를 방지해주는 셈"이라고 말했다. 그는 또 "5개로 분할된 한전 자회사의 매각 절차가 다음달 시작돼 남동발전소의 경우 내년 초엔 새 주인이 정해질 것"이라고 전했다.

서울대 무역학과를 나온 최 수석은 옛 경제기획원과 재경부를 거치면서 기획 분야를 주로 담당한 '기획통(通)'이다. 아이디어가 많기로 유명하며, 건설교통부·기획예산처 차관을 지낸 뒤 약 2년 동안 '야인(野人)'으로 지내다가 두 달 전 개각때 컴백했다.

/글=朴正薰기자 jh-park@chosun.com
/사진=林賢燦기자 hclim@chosun.com

있는 자료이니 따로 요구할 필요가 없지 않겠는가.

예컨대 여권의 경우도 그랬다. 여권을 떼려면 범죄 조회를 경찰에 들어가 주민번호 치고 확인하면 된다. 그런데도 국민에게 서류를 떼어오라고 요구하는 것은 디지털 장비를 다 갖춰놓고, 아날로그를 요구하는 것이나 다름없었다.

그래서 국민들에게 정부가 가지고 있는 자료를 따로 요구하지 말자는 내용의 개선대책을 발표까지 했다. 그런데 아직도 여전히 잘 실행되고 있지 않는 것 같다. 공무원 편의주의를 아직 못 버리고 있는 것이다. 최근 공무원의 대민서비스가 많이 나아진 것은 고무적인 일이나 아직도 개선할 점이 많다.

"장관, 힘들겠습니다!"

노무현 정부 초대 건설교통부 장관에 취임했다.

취임식을 마치고 기자들과 만난 자리에서 취임 소감과 포부를 말한 적이 있었다. 건교부를 수요자 위주의 행정에 최우선을 두되 비용도 절감하는 기업형 서비스 부처로 탈바꿈시키는 데 주력하겠다고 말했다. 대구 지하철 참사와 같은 사고가 재발되지 않도록 중장기적인 안전시스템을 정착시키며 경제적 규제는 시장원리에 맞게 풀되, 사회적 규제는 필요하다면 더욱 강화하는 게 바람직하다고 밝혔다.

국민의 의식수준이 바뀌고 있는 만큼 지속 가능한 개발이 가능하도록 환경 친화적인 개발에 역점을 둘 것이며, 인사 및 조직 관리는 다면평가 방식 등을 적극 활용해 투명하고 공정하게 이뤄지게 하겠다고 말했다.

그러나 취임 후 내게 떨어진 많은 일들이 하나같이 만만치 않은 것들이었다. 철도청 파업, 고속철도 천성산 구간, 외곽순환도로 사패산 구간 공사 중단 요구, 화물연대 파업 등이 일어났다.

노무현 정부가 들어서면서 쏟아지는 수많은 민원해결에 쉴 틈이 없었다. 진보적 성향의 노무현 정부이다 보니 각종 노조, 사회단체들의 민원 요구가 많았다. 그런데 어느 날 나의 근무일정이 9시 뉴스에까지 나오게 되었다. 장관으로 재직하면서 뉴스나 기사에 나오는 일이 많았지만 9시 뉴스에서 내 일상을 다루는 것은 특별했다. 9시 뉴스에 '장관의 일정'이라는 내용이었다. 9시부터 30분 간격으로 각종 민원인들과 만나는 하루의 일정이 화면을 통해 비쳐졌다.

"장관, 힘들겠습니다!"

지금은 민주당에 있는 박영선 의원이 당시 MBC 경제부장을 맡고 있었는데, 내 얘기를 듣고 그렇게 말했다. 그때 그 일을 박영선 의원은 기억하고 있을지 모르겠다.

참여정부 당시 과천에는 10여 개의 부처가 있어서 시위대들이

항상 몰려들었다. 그 중 절반이 바로 건설교통부 소관이었다. 화물연대, 철도, 택시노조 등 파업과 함께 시위를 벌였다. 한쪽에서는 개발해라, 다른 쪽에서는 개발하지 말라며 양쪽이 나뉘어서 시위를 하기도 했다.

단군 이래 최대 국책사업인 경부고속철도 사업을 진행하면서 불교계와 환경단체 등은 천성산 터널 관통 구간이 생태계를 파괴한다며 노선변경을 주장했다. 그리고 서울외곽순환도로의 사패산 터널도 불교계와 환경단체가 반대했다.

이 문제는 노무현 대통령이 선거기간 동안 검토하겠다는 공약을 내걸었기 때문에 초대 내각이 취임하자 모른 체 할 수 없어 각각 노선 재검토위원회를 구성했다. 그러나 재검토를 해도 당초

안보다 더 나은 방안을 찾을 수 없었다. 당시 국무회의에서는 건교부장관 옆이 환경부장관 자리였다.

"어떻게 하면 좋을까요?"

"그냥 하세요."

당시 환경부장관이었던 한명숙 장관도 당초 계획이 최선이라고 동의해 주었다. 물론 환경부에서도 공식적으로 동의했다. 결국 두 사업은 2년여의 시간을 끌고 당초 계획대로 추진되었다. 대안 없는 반대로 수천억 원의 비용만 날린 셈이 되었다.

매주 수요일과 토요일, 고건 총리 주재로 현안 정책 조정회의가 열렸다. 말 그대로 현안으로 떠오른 문제들을 어떻게 해결해 나갈 것이냐를 논의하는 자리였다. 1주일에 두 번 열리는 회의에는 관계 장관이 참석을 하게 된다. 나는 그 회의의 고정 멤버나 다름없었다. 항상 사건사고에 노출되어 있는 경찰청장과 거의 매일 건설교통부 소관 파업과 시위가 있는 나는 늘 얼굴을 맞대야 했다.

소통하며 삽시다

소통을 한다는 것은 서로 말과 생각이 통한다는 것이다. 서로 통하지 않더라도 최소한 서로를 이해할 수 있으면 된다. 소통을 하기 위해서 마음을 열고 상대방의 말에 귀를 기울여야 한다. 진심은 통한다고 하지만 이해관계가 얽혀 있을 때는 쉽지 않은 게 소통이다. 건설교통부 장관을 하면서 최대한 열린 마음으로 국민과 소통하려고 하였다. 소통이 되지 않아 사회적 갈등이 커진 일들이 많았기 때문이다.

상기했듯이 노무현 정부가 들어서자 처음에는 노동계나 진보 쪽에서 '이제 우리 편 대통령이 나왔다'고 환호했다. 그리고 사회 각층에서 욕구가 분출되기 시작했다. 그래서인지 노사분규도 심해지고 있었다. 화물연대나 철도청에서 파업을 하면서 자기들의 요구사항을 마구잡이로 쏟아냈다. '대통령이 우리 편인 사람이 나왔으니까, 뭔가 우리에게 유리하게 받아내자'는 생각이 깔려 있었던 것이다.

각종 민원은 물론 파업 사태를 겪고 보니 이제 정치 환경이 바뀌었기 때문에 정부가 일방적으로 끌고가는 것은 어렵겠다는 생각이 들었다. 그래서 그 당시 정부 부처에서 처음으로 참여담당관을 만들었다. 숱한 민원이 난립하니 시민단체, 이해관계자들과 소통하기 위해 소통을 담당하는 과를 만든 것이다.

원활한 소통을 위해 남자 담당자보다는 여자 담당자가 낫겠다 싶어서 여성과장을 초대과장으로 임명했다.

"당신은 NGO나 시민단체 등의 사람들하고 대화하라."

참여담당관이라는 이름을 부여받은 여성과장에게 주는 임무였다. 수시로 만나고 매월 1회 이상 그들에게 정부 정책과 정부 예산안 등을 브리핑하고 의견을 수렴하게 했다. 모든 것을 투명하게 최대한 공개하라고 일렀다.

예컨대 예전에는 정부가 예산안을 짜게 되면 국회에서 통과된 후에 홍보한다. 예산을 각 부처가 짜서 예산실에 제출할 때 예산안을 민간에게 설명하고 의견을 수렴하는 예는 거의 없었다. 그런데 당시 건설교통부에서는 내년 예산을 이런 식으로 편성하려고 한다는 부처 안 자체를 이해관계자들에게 브리핑을 해 주었다. 내년의 도로예산이며 주택예산 등의 편성 방향을 알리고, 의견을 수렴했다.

물론 그렇다고 모든 사람들의 의견을 다 받아줄 수 있는 것은 아니었지만 정부가 추진하려는 것과 우리 건설교통부에서도 노력하고 있음을 성심성의껏 알려주었다. 수시로 브리핑을 해 주자 상당히 효과가 있었다. 자기들이 신문을 보고 아는 것이 아니라 신문에 실리기 전에 미리 알려주니까 고마워하기도 했다.

자기들에게 통로가 있다는 것으로도 흡족해 했다. 참여담당관에게 얘기하면 들어주는 맛이 있으니, 어느 부처보다 소통하고 있다는 것을 이해하게 되었다. 환경단체들이 볼 때는 건교부는 막 밀어붙이는 이미지, 삽자루 이미지로 알고 있었는데 그런 인식이 상당히 완화가 되었다.

정부 부처 내에서도 소통을 위해 노력했다. 건설교통부가 환경부와 상반된 사고방식과 행동방식을 가진 것만은 아니라는 걸 알려주고 싶었다. 같은 정부 부처끼리 이해할 수 있는 내용이 충분히 있기 때문이다. 그래서 환경부와 역지사지(易地思之)하자는 의미에서 각 부처의 과장 2명을 교체해서 근무를 시켜보자고 제안했다. 환경보전과 개발 업무를 주관하는 환경부와 건설교통부가 서로 상극일 것 같지만 입장을 바꿔서 생각해 보면 서로를 이해

못할 일이 없을 것이라 판단했다.

당시 한명숙 씨가 환경부 장관을 맡고 있었는데, 양 부처 간의 이해를 높이기 위해 '간부 교환근무제'를 추진하게 되었다. 그 결과 환경부 과장 2명이 건설교통부로, 건설교통부 과장 2명이 환경부로 교환되었다. 서로 상충되는 보직을 교환해서 소통을 시도한 것이다. 개발이란 '창'과 보전이란 '방패'를 들고 서로 상반된 업무를 수행하고 있는 건설교통부와 환경부가 이해와 협조를 통해 조화될 수 있다는 확신을 갖게 하는 데 물꼬를 텄다. 정부 조직 내에서 하는 일이므로 그리 어려운 일이 아닐 거라고 여길지 모르지만, 공무원 사회를 이해하는 사람이면 얼마나 획기적인 일이었는지 알 것이다.

부처 간 인사교류는 내가 장관에서 물러난 후에 다른 정부 부처에도 새로운 바람을 일으켰다. 이해관계가 상충하는 상대방의 입장에 서면 갈등은 그만큼 줄어들 수 있다.

철도청 공사화의 악역

장관으로 재임하면서 가장 골머리를 썩였던 일 중 하나가 바로 철도청 문제였다.

애초 김대중 정부는 해마다 수천억 원의 적자가 발생하고 있는 철도부문의 개혁을 위해 철도운영을 단계적으로 민영화한다는 방침을 세웠다. 철도청의 영업적자가 늘어날 때마다 국민세금으로 지원하는 악순환의 고리를 끊기 위해 철도구조개혁이 시급한 시점이었다.

정부기관 형태의 철도운영으로는 더 이상 경쟁력을 갖기 어렵다는 판단으로 철도청 민영화를 하도록 했다. 미국 · 일본 · 영국 · 독일 등 대부분의 선진국에서는 민영으로 운영되고 있었고,

중국 · 러시아 · 북한만이 국영으로 운영되고 있었다.

철도노조의 강경투쟁으로 우선 공사화 한 후 단계적으로 민영화하기로 하였다. 철도청과 고속철도 공단을 시설과 운영 부문으로 분리해 철도 공사와 철도시설공단을 발족시키는 것으로 방침을 정했다.

내가 보더라도 기존의 공무원시스템으로 철도청이 스스로 경영 혁신을 한다는 것은 불가능하다고 판단했다. 경영혁신을 하려면 기업형으로 바꿔야 신축성이 생기는 것이다.

예를 들어 철도청의 부지 하나를 판다고 가정해 보자. 국영화인 상태에서는 부지를 팔게 되면 그 돈은 고스란히 예산실로 들어가게 된다. 철도청에서 필요한 경비를 위해서는 그 예산을 따로 받아가야 한다. 이를 위해서 국회 심의까지 받아야 하니 이 얼마나 경직된 시스템이란 말인가.

철도노조원들은 공사화 되면 공무원 신분이 없어진다고 하여 공사화를 극력 반대하였다. 노무현 대통령은 철도청 공사화에 그다지 관심이 없었다. 대통령의 관심이 적고 노조가 극력 반대하는 상황에서 공사화를 추진하는 것은 정말 어려운 일이었다.

당시 나로서는 악역을 자처할 수밖에 없었다. 화물연대도 그렇고, 철도노조의 파업을 직시하면서 나 역시 인간적인 고뇌를 하지 않을 수 없었다. 개인적으로 보면 그들이 원하는 것을 들어주면 좋겠지만 국익을 위해 일하는 입장에서 모든 욕구를 다 수용할 수는 없었다.

친 노조정책의 입장을 가진 노무현 대통령과의 입장 차이 때문에 곤혹스러울 때도 많았다. 국민의 세금을 아껴야 하는 장관의 입장에 있던 나로선 악역의 역할을 자임할 수밖에 없었다. 그해 두 번의 파업을 극복하고 철도청을 공사화 했다. 노무현 대통령 시절 공기업 구조개혁의 거의 유일한 사례였다.

사실 법과 질서에 있어서는 나름대로 원칙이 있어야 한다. 장관 시절 파업에 대처하면서 소통을 해보려고 노력했다. 그러나 우리 사회의 법과 질서를 지키도록 해야겠다는 마음으로 불법에 대해서는 원칙적으로 나갈 수밖에 없었다.

미국 레이건 대통령 시절에 공항의 관제사들이 파업을 한 적이 있었다. 레이건은 파업을 중지하고 복귀하라고 했지만 10%를 제외하고는 복귀를 하지 않았다. 레이건은 전원을 다 해고 조치하도록 지시했다. 그때 해고되었던 관제사들은 클린턴 때에 이르러서야 복직이 허용되었다. 그러나 이미 관제사로서 기능을 할 수 없었다. 실제로 복직한 사람은 거의 없었다. 레이건이 그토록 강경하게 나갔던 것은 일시적으로 공항이 마비되더라도 법과 원칙을 지키기 위해서였다.

우리는 불편하면 빨리 해결하라고 원성이 높지만, 법과 질서를 지키기 위해서는 국민들이 참고 도와주어야 한다. 앞으로도 불법 파업이 재발되지 않기 위해서는 때로는 원칙대로 할 수밖에 없다. 그래서 철도노조의 파업 때도 미국의 예를 들어 사회지도층 인사에게 e메일을 보내고 대국민 담화문을 발표하는 등 여론에 호소했다.

"노조 쟁의 대상이 될 수 없는 철도 구조개혁입법을 파업의 명분으로 삼는 것은 불법파업이며 국가기강을 흔드는 것입니다. 국민들은 다소 불편하고 한번 비용을 치르더라도 선(先)파업, 후(後)협상의 나쁜 관행을 용납해서는 안 될 것입니다."

그랬더니 어느 신문에 다음과 같은 사설이 실렸다.

최종찬 건교부 장관은 최근 사회 지도층 인사들에게 보낸 이메일에서 "불법 집단행위에 대해 다소의 불편은 감수할 테니까 정부가 원칙을 갖고 대처하라는 질책을 해달라"고 부탁했다. 결의에 찬 그런 당부고 부탁이라면 국민들은 얼마든지, 언제까지든지 참고 기다릴 것이다.

그 해 11월 그동안 여러 차례 실패하였던 철도청 공사법이 통과되었다.

"원칙고수" 뚝심… 勞항복 받아내

철도파업 해결 주역 최종찬 건교장관

철도노조가 1일 파업을 자진 철회한 과정에서의 1등 공신은 최종찬(崔鍾璨·사진) 건설교통부 장관이라는 것이 일반적인 평가다.

노조의 '백기 항복'에는 정부가 철도파업을 불법으로 규정하고 확고하게 대응한 것이 주효했다는 게 대체적 분석이다. 여기에 이번 파업에 대한 부정적 여론도 큰 영향을 미쳤다. 정부는 '법과 원칙'을 지킴으로써 노무현(盧武鉉) 정부 출범 후 따라다니던 '노조 편향'이라는 오명을 씻는 계기도 됐다.

"불편 있어도 不法용납못해"
각계인사 15만명에 e메일
파업기간 내내 현장 총지휘

최 장관은 철도노조가 파업을 예고하자 바로 "이번에는 분명히 원칙을 지킬 것이며 물러나지 않을 것"이라고 선언했다. 파업기간에도 전혀 흔들리지 않았다.

또 국민여론을 '원군(援軍)'으로 얻기 위해 출입기자를 포함한 언론인들과 수시로 만나 이번 파업의 불법성과 정부의 확고한 대응방침을 전달했다. 지난달 29일에는 '다소의 불편을 감수하더라도 불법 집단행동을 용납해서는 안 된다'는 내용의 e메일을 각계 인사 15만여명에게 보냈다.

또 파업이 시작된 지난달 28일에는 오전 7시부터 1시간30분 동안 직접 지하철을 타고 돌아다니며 현장 분위기를 파악하는 등 교통행정의 '야전 사령관' 책임을 다했다. '차분한 아이디어맨이지만 추진력은 약하다'는 그동안의 개인 이미지를 씻기에 충분했다.

5월 초 화물연대 파업 때 초기대응을 잘못했다는 비판을 받아 실추된 이미지도 벗었다.

최 장관은 노무현 정부 출범 전에도 개각이 있을 때마다 2, 3개 장관급 자리에 후보로 거론될 만큼 인정을 받았다. 여기에는 능력뿐만 아니라 소신 있는 공직자라는 평가도 영향을 미쳤다.

그는 기획예산처 차관으로 일하던 2000년 '소신 발언'으로 물러난 적이 있다. 당시 총선을 앞두고 TV토론에서 국가채무 급증의 위험성을 다소 인정했다가 당시 청와대의 눈 밖에 나 2000년 8월 개각 및 차관인사 때 '낙마'한 것.

또 예산처 차관에서 물러나 잠시 '야인(野人)'으로 있을 때에도 관료사회의 문제점을 통렬하게 지적한 e메일을 예산처 후배 공무원들에게 보내 기개를 인정받았다.

이번에 그가 보여준 '뚝심'은 소신 있는 고위관료가 그리 많지 않은 한국의 관료사회에서 신선한 충격을 주었다. 또 공직자들이 우리 사회의 올바른 방향을 위해 '원칙과 소신'에 충실할 경우 여론의 지지를 받을 수 있다는 사실도 보여주었다.

황재성기자 jsonhng@donga.com

Part 3_ 공직을 뒤로 하고

임명장 받으면서
처음 본 노무현 대통령

2003년 2월 26일로 기억된다.

강남의 한 식당에서 고교친구와 점심을 먹고 있는데, 12시 50분경 핸드폰이 울렸다. 전화를 받았더니 청와대 인사 보좌관이라는 사람이 내가 건교부장관으로 임명되었으니 2시까지 청와대로 오라는 말을 전했다. 임명장을 받기까지 1시간 남짓 남았다. 마침 정장을 하고 있었으므로 곧장 청와대로 가서 임명장을 받았다. 그때 노 대통령을 처음 만났다. 만일 그때 내가 연락이 안 되었으면 어떻게 되었을까? 어쩌면 나 아닌 다른 사람이 장관이 되지는 않았을지 지금까지 궁금하다.

"노무현 대통령 때 장관하던 사람이 왜 한나라당 후보로 나옵니까?"

"어떻게 최종찬 같은 철새에게 공천을 주냐?"

내가 노무현 정부에서 초대 건설교통부 장관을 역임했다 하여, 나를 마치 노무현대통령의 사람으로 보는 경향이 있다. 하지만 앞에서 말한 바와 같이 장관 임명장을 받기 전까지 나는 노무현 대통령과 일면식도 없었다. 그런데 어떻게 장관이 되었느냐고 묻는다면, 과거 직업공무원 경력과 건교부차관 경력이 나를 장관으로 선임한 이유였을 것이라고 당당하게 답하고 싶다.

"당신 철학이 뭡니까?"

대통령이 함께 일할 장관을 임명할 때는 사전에 만나서 서로의 성향이나 철학 등을 알아보는 과정이 필요하다고 본다. 그런데 나와 노 대통령의 경우 한 번도 그런 기회가 없었다. 그래서 내가 장관으로서 단명한 것이 아닌가 생각한다.

사람들은 보통 새 정부가 내각을 구성하면 대통령이 자기에게 도움을 주었거나 자기와 뜻이 맞는 사람을 인사하는 것으로 아는데, 모든 경우 그렇지는 않다. 내 경우는 차관을 했던 경력이 작용한 것 같다. 만일 노대통령에게 다른 적임자가 있었다면 일면식도 없는 나를 굳이 선택하지는 않았을 것이다. 당시 마땅한 사람도 없었고, 내가 정통 관료 출신이라는 점과 업무능력을 평가해서 임명하는 것이라 본다. 그것은 김대중 정부 때도 마찬가지였다. 줄을 서서 차관이 된 것이 아니라 순전히 내가 경제 분야의 관료였기 때문이었다.

항간에서는 공무원 출신들이 이 정권으로 갔다가 저 정권으로 간다고 말하지만 직업공무원은 능력에 따라서 임명될 뿐이다. 미국의 경우도 부시정권에서 국방부장관을 하던 로버트 게이츠는 오바마 정권에서도 국방부장관을 지냈다. 오바마는 그를 역대 최고의 국방장관이라며 찬사를 보내기도 했다. 외국의 경우 대통령의 정당이 바뀌더라도 전 정권에서 관료로 있던 사람들이 일종의 전문 관료로서 임기를 이어가는 일이 많다. 또한 일을 잘 하면 정권이 바뀌어도 발탁이 되는 법이다. 미국의 연방준비제도이사회(FRB) 의장을 네 번 역임한 앨런 그린스펀은 레이건 대통령이 임명하여 부시 대통령까지 약 20년을 재임했다.

우리나라도 최근 노무현 대통령 시절 윤증현 금융위원장이 이명박 정권에서 기획재정부 장관을 했고, 노무현 대통령 시절 한덕수 국무총리는 현재 주미대사를 하고 있다. 우리나라도 국가적인 사업들에서 장기적 안목을 가지고 성과를 내려면 전문가가 정권과 상관 없이 업무를 맡아서 할 필요가 있다.

우리나라는 큰 사건이 나면 무조건 높은 사람을 문책하는 경향이 있다. 반면에 미국의 경우 9.11테러사건은 미국 역사상 엄청난 사건이었는데도 당시 CIA국장, FBI국장, 국방장관 등 누구도 사임하지 않았다. 사고가 나면 먼저 사람에 문제가 있는지, 시스템에 문제가 있는지 살펴보아야 할 것이다. 미국은 안보시스템에 근본 원인이 있다고 하여 그 후 국토안보부를 신설하였다.

만일 우리나라였다면 내각이 총사퇴했을 것이다. 우리나라는 1997년 IMF 사태가 발생하자 취임한 지 1년도 안된 경제부총리와 경제수석비서관에게 책임을 물었다. 금융시스템의 문제가 수개월 만에 발생한 것인가? 잦은 개각으로 인한 전문성, 일관성 부족은 원인이 아니었는가? 그 후 개선되었는가? 공직자로서 막중한 책임감을 가져야 하지만, 일이 터질 때마다 민심무마용으로 해당 공무원의 책임을 묻는 것은 국민에게도 도움이 안 된다.

"저는 정치에 소질이 없습니다."

2003년 말 나는 노대통령의 열린우리당 국회의원 출마권유를 거절한 후 다음 개각에서 그만두게 되었다. 보통 초대 장관을 했으면 그 정권 기간 중 다른 보직을 맡는 경우가 많은데, 나는 노무현 정권 기간 동안 아무 일도 맡지 못했다.

앞서 서술했듯이 장관으로 있으면서 내가 노무현 대통령과 다른 생각을 하고 있다고 느낀 적이 종종 있었다.

"철도와 같은 공기업을 민영화할 필요가 있느냐?"

이것이 노 대통령의 생각이었다. 나는 그와 달랐다.

노무현 대통령은 진솔하고 토론을 좋아하는 분인 것 같았다. 그러나 나와 정치철학은 다른 점이 많았다. 그리고 노무현 대통령 자신보다는 참여정부의 정책 분위기와 주변의 참모진과 나의 정치철학이 달랐다는 것을 느꼈다.

새로운 일에 도전하다

사람이 꿈을 꾸게 되면 언제고 이루어지는 모양이다. 그래서 '꿈은 이루어진다' 고 하지 않는가. 젊은 시절 한때는 경제학 교수가 꿈이었는데, 공직으로 방향을 정하고 뒤돌아보지 않고 열심히 달리다보니 꿈을 잠시 잊고 있었다. 그런데 그 길에서 내려오고 보니 나를 기다리고 있는 곳이 바로 강단이었다.

사실 공무원은 장관 이상 더 올라갈 자리가 없다. 나로서는 공무원 생활을 할 만큼 했다. 공직에서 완전히 물러나고 무엇을 할까 생각해 보았다. 아직 뒷방으로 물러나기엔 열정도 남아 있었고, 스스로도 할 일이 남아 있다고 생각했다. 내 경험이 젊은 학생들에게 도움이 된다면 그보다 보람 있는 일이 또 있겠는가.

오랜 공직 경험이 있어서 그런지 강의요청이 들어왔다. 한양대학교 안산캠퍼스에서 3학기를 초빙교수로 재임했다. 그 전에도 차관 퇴임 후 강릉대에서 강의를 한 적이 있었다. 한양대학교에 이어 고려대학교 경영대학원에서 3학기, 서울대학교 행정대학원에서 3학기를 강의했다. 지금은 강의를 하고 있지 않지만 서울대학교 행정대학원 초빙교수로 위촉 받았다.

강단에 서서 학생들과 얘기하는 것은 참 재미있는 일이었다. 내가 가진 것을 누군가에게 나누어 준다는 것은 즐거운 일이다. 그동안의 행정경험이 하나의 자산이 되어 학생들에게 골고루 나누어 주는 것이었다. 공직 생활의 구체적인 경험들을 전해주니까 학생들도 좋아했다. 어쩌면 교수란 직업이 천직이라도 된 듯 내게 참 잘 맞는 것 같았다. 내 생각이 자유분방하니 젊은 학생들과 소통하는 데도 별 어려움이 없었다.

학생들에게 강의를 하던 중 롯데그룹에서 고문 제의를 받았다. 정부에서 큰 일도 많이 해 봤으니 아이디어도 주고, 운영에 참여하는 고문 좀 해보라고 했다. 그 제안이 들어오기 전까지 롯데그룹에 개인적으로 아는 사람은 아무도 없었다. 학교 선배의 소개로 롯데그룹 고문을 맡게 되었다.

"저는 로비 능력이 없습니다. 저를 로비스트라고 생각하고 계신다면 아마 실망하실 겁니다."

고문 위촉을 받고 그룹 오너에게 내가 한 말이었다. 말 그대로 나는 로비 능력이 없었다. 오히려 내 장점이라면 경제 동향이라든지 기업들이 잘 보지 못하는 것을 조언해 줄 수 있는 것이라고 소신을 밝혔다. 그런 면에서 고문을 한다면 수락을 하겠다고 했더니, 자기들도 그렇게 생각하고 있다고 했다.

롯데그룹 고문으로 일하게 되자 '이코노믹리뷰' 에서 인터뷰 제의가 왔다. '관료 CEO에게 바란다' 는 코너였는데, 내 나름의 생각을 전했다.

"CEO의 성공요건은 전문성보다 조직의 관리능력이 80~90%를 차지한다. 이는 관료사회나 민간 기업이나 마찬가지다. 미국에서는 군 출신이 기업인으로도 잘 한다고 소문나 있다. 정부와 군대, 기업은 조직의 목표가 다를 뿐이지 이를 위한 과정, 비전제시 · 동기유발 등 매니지먼트 테크닉은 똑같다. 관료출신이라고 해서 민간기업 CEO로서 결격사유가 되는 것은 아니다. 일반론으로 보기보다는, 사람을 놓고 평가하는 게 온당하다고 본다."

정부 관료로 일하던 많은 이들이 경영자로 가는 일이 많았는데, CEO로서 갖춰야 할 덕목이나 자질은 정부부처나 민간 기업이나 특별히 다를 게 없다. 다만 성공한 관료출신 CEO의 공통점은 기업의 경영마인드에 빨리 적응하고, 철저히 장사꾼으로 변신한 사람이다. 그렇지 못한 경우는 변화된 환경에 적응하지 못하고, 역할이 바뀌었는데도 옛날 사고방식을 그대로 갖고 있다거나, 영업 등에 적극적으로 나서지 못하고 체면만 차리기 때문이다. 따라서 관료로서 유능한 고위공직자는 여건 변화만 잘 인식한다면 민간 기업에서도 잘 할 것이라는 것이 내 생각이었다.

롯데그룹에서 1년 동안 고문을 맡으면서 특별히 하는 일은 없었다. 봉급을 받는 것이 도리어 미안하게 생각될 지경이었다. 롯데에서 그만두라는 말이 없었지만 더 이상 할 수가 없었다.

"여길 그만두고 뭔가 새로운 일을 해 봐야겠다."

정확히 1년하고 그만두었다.

다양한 사람을 만나다

"당신은 공무원 같지 않아."

내가 공직생활 중 가끔 듣던 말이다. 내 성향이나 마인드를 아는 사람은 내가 공무원보다는 교수나 시민운동가 같은 면모가 있다고 말한다. 내가 여느 공무원에 비해 개혁적인 성향이 있어서 그런 것 같다.

경제기획원 국장 시절 토론 모임을 가졌다.

환경운동가인 최열, 당시 유한킴벌리 사장이었으며 전 창조한국당 대표였던 문국현, 당시 산자부 국장이었으며 그 후 행자부 장관을 한 오영교, 당시 경제기획원 국장이었으며 현재 선진사회

만들기연대 이사장인 조휘갑, 당시 한국개발연구원의 여운방 박사, 환경부 환경정책실장이었다가 후에 환경부차관을 역임한 정진승 박사, 한국경제연구원장 노성태 박사 등이 모임의 일원이었다. 최열은 나와 ROTC 동기였고, 문국현은 최열의 친구라서 알게 되었다. 나중에 알고 보니 문국현도 나와 같은 ROTC 10기 동기였다.

우리는 때때로 만나 세상 돌아가는 이야기를 나누었다. 어떻게 보면 서로 어울릴 것 같지 않은 인물들의 조합이지만 서로 격의 없이 소통했다. 정부개혁이나 환경문제, 그리고 경제, 복지, 소득분배 등에 대해 종횡무진 이야기꽃을 피웠다. 서로 철학적으로 다른 입장을 가지고 있다고 하더라도 배척하지 않고 폭넓게 토론했다. 함께 토론 모임을 진행할 수 있었던 것은 차이를 인정하고 받아들였기 때문이라고 생각한다.

한번은 차관 퇴임 후에 최열의 권유로 정동에 있는 피어슨빌딩 토론 모임에 간 적이 있었다.

노동운동이나 환경운동을 하는 사람들의 모임이었다. 일종의 좌파적 성격이 강한 토론 모임이었는데, 나만 외계에서 온 듯 이방인 같은 기분이 들었다. 처음에는 생소하기도 했지만 함께 김밥을 먹어가며 토론을 벌였다.

막상 토론이 시작되자 나와 그들 사이는 불꽃 튀는 접전이 벌어졌다. 처음에는 자기 입장에만 빠져 평행선을 달리는 듯 했다.

"우리나라는 복지지출이 굉장히 낮다."

"우리나라 조세부담율도 낮다는 것을 간과한 것은 아니냐? 다른 나라와 비교하려면 둘 다를 놓고 비교해야 하는 것이 아닌가?"

서로 이야기를 주고받다 보니 어느 새 일방통행이던 토론이 서로의 입장을 이해하는 쪽으로 풀렸다. 밤 11시까지 토론을 했다.

"아, 그런 면이 있었구나!"

당시 시장경제에 대해 이해가 적었던 그들은 나중에 내 의견에 공감을 하기도 했다. 나 역시 그들이 무슨 생각을 가지고 있는지 이해할 수 있을 것 같았다. 내가 비록 그들에 비해 보수적이기는 하지만 열린 마음을 갖고 그들의 이야기를 들었다.

그들과의 토론은 참으로 인상 깊었다. 새로운 세계와의 소통이 참 좋다는 것을 느꼈다. 우리 사회가 한쪽 입장만으로 몰아붙이는 경향이 있는데, 상대의 입장을 먼저 듣고 이해하려는 자세를 갖는다면 극단으로 치닫는 일은 없을 것이라는 생각이 들었다.

서로 차이를 인정하고 공감한다면 소통하는 사회가 되지 않겠는가.

《국가개조론》에 부쳐

나는 늘 국가개조에 관심이 많았다. 그래서 그동안 공직생활을 해오면서 느꼈던 생각을 책으로 담아 매일경제에서 출판하게 되었다. 사실 제목을 딱히 정하지 못하고 있었는데 《최종찬의 신국가개조론》으로 내자고 했다.

"내가 대권주자도 아닌데 제목이 너무 거창한 거 아닙니까?"

"내용으로 볼 때 국가개조론 말고는 없습니다."

공직 경험을 바탕으로 내가 그리는 국가에 대한 큰 그림을 담은 저서이다 보니, 본의 아니게 거창한 제목으로 2008년 출판을 하게 되었다.

책에는 끝없는 고유가 행진, 예측 불가능한 국내외 경제 혼돈

속에서 대한민국이 나아갈 방향을 나름대로 제시하였다. 정부 내 개혁에서부터 교육혁신, 부동산 문제, 농 · 어가 소득증대, 근무 시스템 개혁, 정치 개혁 등을 주제로 혁신적인 개선방안을 제안하고, 불합리한 정책이나 공직행태를 개선하자는 내용이었다. 한마디로 국가 경영에 대한 소고를 밝힌 책이다. 공직생활을 하면서 국가이익에 부합되는 아이디어를 생각하고 실행에 옮긴 적도 많았다.

국유재산 활성화

기획예산처 차관을 할 때 '국유재산 활성화'에 대한 주장을 많이 했다.

예를 들어 연말에 멀쩡한 보도블록을 교체하면 예산 낭비라고 비판이 많다. 그러나 국유재산을 관리하는 과정에서 더 많은 수익을 올릴 수 있는데도 제대로 수익을 얻지 못하는데 대해서는 문제 제기가 별로 없다. 정부가 100억 원을 필요 이상으로 더 지출하는 것이나 수익을 100억 원 더 올릴 수 있는데 이를 게을리하는 것은 국고에 손해를 끼치는 점에서는 똑같다.

2000년 기획예산처차관을 하면서 세입부족으로 어려움을 겪고 있었다. 당연히 세출예산 줄이기와 세금 더 걷는 노력을 강화하고 있었다. 그 당시 기획예산처에 특별 작업반을 만들어 국유재산 수입은 어떤지 점검하였더니 많은 문제점이 발견되었다. 즉 국유재산관리자들이 민간기업처럼 수익을 올려야겠다는 생각이 희박하였다.

서울 시내 백병원 뒤편에 있던 남대문 세무서의 경우 서울시내 중심지에 위치하고 있었다. 대지가 1,300평인데 용적률은 57%만 사용하고 있었다. 동지역은 허용 용적률이 600%로서 법적용적률의 9.5%만 활용하고 있었다. 그래서 수익성을 높이기 위해 남대문 세무서를 헐고 고층 빌딩을 세우자고 제안했다. 그 후 나의 제안대로 자산관리공사가 위탁 개발하여 15층 건물이 완공되어 연간 54억 원의 임대료 수입을 얻고 있다.

그 후 국고국에서 활용할 수 있는 국유재산에 대해 조사가 실시되었다. 농림부, 국세청 등 21개 관리청 소관 행정청사 874개의 토지 활용률도 법적 용적률 대비 16%에 불과했다. 농림부 산하 국립종자관리소 등 5개 청사(24,000평)는 경기도 안양시 안양동 일대 상업지역에 산재하고 있어 법적 용적률이 800%인데 실제 용적률은 평균 51%로 법적 용적률 대비 6.3%만 활용되고 있었다. 비교적 개발, 활용이 용이한 잡종재산의 경우에도 임대 등으로 활용 되지 않고 있는 토지가 77%(5.4억 평 중 4.2억 평)나 차지하고 있었다.

국유재산이 민간에 비해 활용률이 떨어지는 것은 불가피한 면도 있다. 미래의 도로나 청사확충 등에 대비하여 미리 확보하는 것이 필요한 경우도 있었지만 그렇지 않은 경우도 많았다. 지방에 국유지가 많이 있어서 청사를 합동으로 건립하여 사용하면 될 일도 예산 확보가 적기에 되지 않는 바람에 제대로 활용 안 되는 경우가 많았다. 투자 예측을 잘못해서 막상 사 놓고 보았더니 당장 쓸 일이 없는 경우도 있었다.

2005년 전윤철 감사원장 시절에 이 문제를 건의하였다. 그 후 국유재산에 대해 대대적인 감사를 하고 개선대책을 발표하는 등 나름대로 성과를 거두었다.

미래에 대비하여 국유재산이 필요하면 더 확보하되 수익성을 올릴 수 있는 것은 민간 기업과 같이 최대한 활용하여야 한다. 국유재산 활용을 체계적으로 강화하기 위해서는 국유재산 관리조직을 강화해야 한다.

《국가개조론》을 통해 사회시스템 개혁의 논고를 밝힌 것은 현직에 있을 때 제대로 못한 점을 반성하는 측면도 있었다. 그리고 아직 우리 공직사회가 개혁해야 할 점이 많다는 것을 알려서 개선해 나갔으면 하는 바람 때문이었다.

선진사회를 만들자

오래 전부터 국가개혁과 사회개혁에 관심이 집중되면서 지금 우리 사회에 필요한 것은 무엇일지 고민하게 되었다. 공직을 떠나 내가 할 수 있는 의미 있는 일을 찾다보니 자연스럽게 나와 같은 생각의 사람들을 만나게 되었다. 각계각층의 뜻이 있는 사람들이 주축이 되어 작은 모임을 만들게 되었고, 그 모임을 통해서 국민의 의견을 수렴하고, 우리 사회에 개선해야 할 당면 과제들을 국민의 힘으로 바꾸어보자는 공감대를 이루게 되었다.

이 모임이 토대가 되어 나와 김호식 전 해양수산부 장관, 김강정 전 목포MBC 사장이 공동대표로, 경제기획원에서 함께 근무했던 조휘갑 전 공정거래위원회 상임위원을 이사장 등으로 '선진사회만들기연대(이하 선사연)' 를 만들었다.

우리나라가 선진화되려면 여러 분야에서 의식과 제도의 개선이 필요하다. 선사연은 우리 사회 선진화를 위한 각종 의식과 제도상의 문제점을 제기하여 개선방향을 제시하려고 한다. 이를 위해 각종 토론회를 개최하고 각계 의견을 수렴한다. 회원들의 칼럼 기고, 외부 강연, 이메일을 통해 선진화 과제에 대하여 사회 전반에 폭넓은 공감대가 형성되도록 노력한다. 현재 약 4만여 명이 이메일을 받아보며 동참하고 있다.

그밖에도 선진화운동에 관심이 많은 나는 남덕우 전 총리가 주축이 된 일종의 시민 포럼인 '한국선진화포럼' 에 이사로 참여하고 있으며, 강경식 전 경제부총리가 주도한 '국가경영전략연구원' 에 운영위원으로도 참여하고 있다.

선진화포럼과 중앙일보가 공동 기획한 '2010년 대한민국: 선진화를 위한 과제와 전략' 이라는 월례 토론회에서 '정치 및 공공부문의 선진화' 라는 주제토론에 특별 토론자로 참여하였다.

〈인구 3만 명이 안 되는 군(郡)이 많다. 그런 곳에 비효율이 얼마나 많은지 공시만 제대로 하면 다 드러난다. 전교생 수가 30명도 안 되는 농어촌 학교에도 교장 · 교감이 다 있지만 여러분은 그 존재조차 잘 모른다. 검사들의 기소 결과가 어떤지, 지방자치

30 선진화포럼 릴레이 토론 - (3)정치 및 공공부문의 선진화

국무위원 발언부터 검사들 기소 결과까지 다 공개하자

행안부에 행정 서비스 공시 전담 기구 만들고

미국처럼 주요 법안에 국회의원 이름 붙여주자

최종찬 전 장관 '투명성' 강조

한국선진화포럼과 중앙일보가 함께 기획한 한국사회 선진화를 위한 월례 토론회가 20일 서울 명동 은행회관에서 열렸다. 참석자들은 '정치 및 공공부문의 선진화'를 주제로 열띤 토론을 벌였다. 왼쪽부터 김형준 명지대 교수, 최종찬 전 건설교통부 장관, 김충식 홍익대 교수, 이창원 한성대 교수, 임승빈 명지대 교수. 최승식 기자

'공무원도 퇴출' 위기감 없이는 공공개혁 불가능

시스템 개혁 제안 봇물

'돈 먹는 하마' 지방선거, 기초단체장·의원 정당 공천 폐지

현 '기형적 정당정치' 대신 원내 중심 정당체제 구축하자

단체의 쓰레기 처리율이 어떤지도 공시하자.〉

토론 발표를 통해 행정안전부가 정부 행정 서비스에 대해 공시를 전담하는 조직을 만들어서 공시 서비스를 해야 한다는 제안을 했다. 국무회의의 논의 내용도 10년, 15년 후에 공개하는 시스템

을 만들자고 했다. 자신의 발언이 나중에 공개된다고 생각하면 국무위원들이 국무회의에 임하는 자세가 많이 달라질 것이기 때문이었다.

국회 개혁 방안으로 주요 법안에 '홍길동 법' 등 국회의원 이름을 붙여 주자고 아이디어를 냈다. 좋은 법안을 내면 두고두고 칭찬받지만, 악법을 내면 나중까지 부담이 되어 법안을 잘 만드는 데 더 열중할 것이라고 주장했다.

가족은
나의 힘

괴테는 '그 집안의 평화를 발견할 수 있다면 임금이건, 평민이건 가장 행복한 사람이다.' 라고 말했다. 가정은 모든 생활의 출발이며 기본적인 단위이다. 가정의 평화를 잃은 뒤에 어떤 곳에서 행복을 찾을 수 있겠는가.

힘들고 어려운 일이 닥쳤을 때 마음을 위로해 주는 가족은 존재 자체만으로도 힘이 된다. 오랜 세월 공직에 집중하다 보니 아이들과 대화도 소홀해지고, 필요할 때 아버지의 역할도 제대로 못해준 것 같아 아이들에게 늘 미안한 마음이다. 그래도 별 탈 없이 화목하게 지낼 수 있었던 데에는 무엇보다 아내의 힘이 컸다.

나는 2남2녀 중 장남이라서 책임감이 컸던 것 같다. 한국의 장남들이 그렇듯 가족들에게 늘 모범이 되어야 한다는 마음가짐이 책임감을 더 키웠다. 우리 나이 아버지들이 그렇듯 아이들에게 살갑게 대하는 요즘 젊은 아빠들과는 사뭇 다른 점이 있다. 마음은 아이들을 한없이 사랑하지만 밖으로 드러낼 줄 몰라 나이가 들수록 서먹해지게 된다. 나 역시 대한민국의 전형적인 아버지다.

엄마가 있어 좋다.
나를 이뻐해주어서.
냉장고가 있어 좋다.
나에게 먹을 것을 주어서.
강아지가 있어 좋다.
나랑 놀아주어서.
아빠는 왜 있는지 모르겠다.

언젠가 방송에 나온 초등학교 2학년이 쓴 시를 보고 참 많은 생각을 했다. 나도 우리 아이들에게 이런 생각을 하게 한 것은 아닌지 뜨끔했고, 대한민국 아버지들의 슬픈 현실에 가슴이 아팠다. 그저 밖에서 열심히 일하면 가장 노릇을 다하는 것으로 생각하며 살았는데, 어느 새 가족에게는 보이지 않는 그림자와 같은 존재가 되어버린 대한민국의 아버지들이다.

딸은 엄마를 닮고, 아들은 아버지를 닮는 것인지 내가 나이 들

고 보니 내 모습 속에 아버지의 모습이 비친다. 아버지는 고지식한 분이었다. 공무원 생활을 하시면서도 고지식한 성격이 그대로 드러나셨다.

지금은 돌아가셨지만 경찰공무원이었던 아버지는 정년퇴직을 하셨다. 어머니는 전형적인 한국의 여성이었다. 아버지의 박봉에도 우리 사남매를 공부시키셨다. 그리고 어머니는 두 분의 어머니를 모시기도 했다. 부모님 모두 맏이라서 우리 집에는 친할머니와 외할머니가 함께 사셨다. 어머니의 경우 자매만 있어서 외할머니를 모셔야 했다. 두 분의 어머니를 모시면서도 자식 넷을 키우느라 고생이 참 많으셨다. 연탄 때는 단독주택에서 두 어르신을 포함하여 여덟 식구를 먹여 살리는 살림이 얼마나 힘든 일인지 요즘 젊은 어머니들은 잘 실감하기 어려울 것이다.

부모님께서 맏이의 책임을 다하시는 것을 보고 자라서 그런지 나 역시 은연 중에 맏이로서의 막중한 책임감을 가지게 되었다. 아버지만큼 고지식하진 않지만 내 안에 꼿꼿하셨던 아버지의 모습이 있다는 것을 나이가 들어갈수록 절감하게 된다. 그리고 어머니의 따뜻한 마음은 내게 따뜻한 사회를 만들라는 가르침을 주셨다.

공교롭게도 내 아내 역시 2남 2녀 중 장녀다. 나는 아내와 중매로 만나 결혼해서 아들만 둘을 두었다. 아들들이 비교적 학교를 잘 다녀줘서 고맙다. 큰 아들은 증권회사에 다니고, 둘째 아들은 전자회사에 다닌다.

아이들이 아버지를 필요로 할 때 대화를 많이 해주지 못한 게 내내 미안하고 아쉽기만 하다. 아이들 졸업식도 제대로 못 갔는데, 잘 자라주어 그저 고마울 따름이다. 지나고 보니 예민할 때 부자지간에 스킨십도 한 번 제대로 못해 주었다. 겨우 1년에 한 번 휴가 간 것이 아이들에게 해 준 전부였다.

전자공학과를 다닌 큰 아이의 경우 전공과는 다른 방향인 증권회사에 취직을 했다. 처음에는 아이의 생각이 무엇인지 이해해주지 못했다.

큰아이와 이야기를 나누는 시간을 갖게 되었다.

"증권회사는 왜 간 것이냐?"

그 아이는 대학에 들어가 전자공학과를 다니느라 애먹었다고 했다. 적성에 맞지 않는데, 주위 시선 때문에 그만둘 수 없었던 모양이다. 게다가 맏아들이다 보니 책임감 때문에 말도 못했던 것이다. 그래서 나름대로 열심히 학과 공부를 했지만 엄청난 스트레스에 시달렸단다.

아이의 진로 지도를 할 때 본인의 적성을 파악해서 아이가 원하고 잘 할 수 있는 쪽으로 방향을 잡아주었어야 했다. 그랬다면 아이가 힘들어하지 않았을 것이라는 후회가 밀려왔다. 부모들이 자신의 아이를 진정 아끼고 사랑한다면 아이가 나중에라도 힘들어하지 않게 아이의 마음을 먼저 읽고 공감해야 하지 않을까 싶다.

아버지 노릇을 하려고 할 때는 이미 아이들이 너무 커버렸다. 부모의 도움 없이도 스스로 살아갈 나이가 되었다. 큰아들은 든든하고, 작은 아들은 딸이 없는 집에 딸 같은 존재다. 큰아들이 결혼하여 식구가 늘었다. 딸이 없던 차에 며느리가 있으니 딸 같아 좋다. 아직 손자가 없다. 친구들을 보면 손자 보는 재미가 대단하다고 하는데 나도 빨리 그 재미를 느끼고 싶다.

아내에게는 늘 고마운 마음이다. 평생 일에 빠져 바쁘기만 했던 나 대신 아이들을 돌보며 아버지의 몫까지 대신해 준 아내가 어찌 고맙지 않겠는가.

나는 아내에게 특별히 고마운 것이 더 있다. 96년 12월에 뇌출혈로 쓰러진 아버지는 98년 2월에 돌아가시기까지 14개월 동안 식물인간 상태로 계셨다. 거의 뇌사에 가까운 상태라 6개월 동안은 병원에 계셨고, 나머지는 집에 계셨다. 아버지가 누워계시니 온 가족은 그만큼 긴장을 해야 했고, 돌아가며 아버지 곁을 지켜야 했다.

온가족이 힘들었지만 그만큼 가족의 중요성을 느끼게 되었다. 특히 아버지 곁을 지키신 어머니가 고생을 많이 하셨고, 아내도 맏며느리라 몸과 마음고생을 많이 했다. 나의 두 여동생과 제수도 번갈아 가며 간병하느라 고생들이 많았다. 돌이켜 보면 가족들이 결혼 후 그렇게 자주 만난 적이 없었던 것 같다. 가족의 소중함을 느꼈다. 더군다나 그때 큰아이가 고3이었다. 아내는 자식으로서 도리를 다하기 위해 아버지의 곁을 지켜야 하는 동시에 고3 아이의 부모로 아이까지 챙기느라 자기 몸을 돌볼 짬이 없었다.

2007년에는 장모와 아내의 할머니가 한 달 간격으로 세상을 떠나셨다. 장모님은 10여 년 전부터 건강이 좋지 않았고, 돌아가시기 전 2년 동안 병원에 입원해 계셨다. 처가에서 장녀인 아내가 주로 장모님을 돌보았다. 장모님은 딸이 편해서인지 늘 아내만 찾았다. 처제는 미국에 있어서 아내 혼자 많은 역할을 해야 했다. 간병인도 무슨 일만 생기면 아내에게 연락을 했다. 늦은 밤이나 새벽에 전화가 오면 대개는 장모님이나 간병인의 전화였다. 아내가 잠을 설치고 병원으로 간 적이 한두 번이 아니다. 아내가 가족들에게 모든 연락을 도맡아 했다.

아내의 할머니의 경우 같은 아파트 단지에 사셔서 손녀인 아내를 귀여워 했다. 아내 할머니가 입원해 있을 때 맏며느리인 장모가 몸이 불편한 상태여서 대신 아내가 자주 문병을 가게 되었다. 집안에 두 분이나 편찮은 데다 한 달 사이로 돌아가셨으니 아내의 고생이 말이 아니었다. 그래도 묵묵히 자기 자리에서 가족들에게 최선을 다한 아내가 참 고맙다.

사람은 가족으로부터 힘을 얻는다. 특히 힘들고 외로울 때 세상 누구보다도 가족에게서 위로를 받고, 시련과 좌절도 치유가 되는 법이다. 배우자나 아이들에게 사랑을 표현할 수 있을 때 해야 한다.

사랑하는 아내에게

여보, 그동안 나는 당신과 살면서 참 못난 남편이었소. 당신이 고생하는 줄 알면서도 따뜻한 말 한 마디 하지 못했소. 의견이 다르면 퉁명스럽게 대했지, 다정한 말로 이해시키려 하지 않았던 같으오.

결혼하고 2~3년 후부터는 늘 바쁘다는 핑계로 결혼기념일도 제대로 챙겨주지 못했소. 그런데도 당신은 내가 사무실에서 힘들 줄 알고 바가지 한 번 긁은 적이 없었지.

여보. 당신에게 평소 고맙다는 말은 못했지만, 당신이 제일 고생 많았던 것을 모르지 않다오. 맏며느리로 시아버지 병수발을 하면서도 고3인 큰애를 챙기는 것을 보며 도와주지 못해 미안하오. 병원으로 학원으로 쉴 틈이 없었던 당신! 난 정말 당신이 너무 고마웠소.

그리고 좀 쉴만 하나 했는데, 아버지 돌아가시고 2~3년 후부터 장모님이 편찮으셔서 당신은 또 마음을 졸여야 했지. 장모님이 당신을 찾기도 했지만, 처가에 며느리가 둘이 있어도 아직 어린아이들을 챙겨야 하는 처남댁들을 생각해서 당신이 장모님을 돌보려고 했지. 거기다가 100세까지 사셨던 당신 할머니까지 감당해야 했던 당신은 전업주부인데도 불구하고 늘 병원에 매어 있어야 했어. 그런 당신을 보면서도 마음은 늘 안쓰러웠지만 따뜻한 위로를 건네지 못했소.

당신은 당신을 위해 살기보다 늘 가족들을 위해 살아야 했지. 며느리로, 딸로, 엄마로, 아내로 말이오. 내가 국회의원에 출마해서 선거운동을 할 때도 당신은 묵묵히 내 옆을 지켜주었소. 그리고 지역구 위원장으로 지역에 봉사활동을 할 때도 당신 역시 독거노인 반찬 봉사를 하며 내 뜻을 따라주었지. 얼마 전에는 김장 봉사도 하면서 보이지 않게 나를 돕는 당신이 얼마나 고마웠는지 모르오.

고맙다는 말 한 마디, 사랑한다는 말 한 마디 쑥스러워서 하지 못했던 무뚝뚝한 내게 늘 당신이 먼저 따뜻한 마음을 전했지. 이제라도 당신에게 내 마음을 전하고 싶소.

참 고마운 당신!

여보, 정말 고맙소! 그리고 사랑하오.

Part 4_ 정치 일선에 나서다

세상을 바꾸고 싶어
정치를 하다

"당신은 왜 정치를 하려고 하느냐?"

공직생활만 해 오던 내가 정치에 뜻을 두자 주위 사람들이 물어오는 말이었다. 이 질문에는 정치에 대한 긍정과 부정의 의미가 다 들어 있다고 본다. 나는 왜 정치에 뜻을 두게 되었을까?

공직생활을 30년 넘게 했던 터라 곱지 않은 시선으로 바라볼 수도 있을 것이다.

"공직생활을 마치고 할 일이 없어서 정치하겠다고?"

"장관까지 했던 사람이 명예나 권력이 탐나서 그런가?"

내가 정치를 하려고 한 것은 세상을 바꾸고 싶어서였다. 세상 사람들은 정치에 부정적인 생각을 가지고 있다. 그렇다면 정치는 바꾸어져야 하고, 나는 정치를 바꾸는 데 일조하고 싶다. 공직을 마치고 무엇을 하며 살아야 하는지 고민을 했다. 사업이나 취직을 하기에는 나이도 있고, 내가 잘 할 수 있는 일도 아니었다. 신체 건강하고 열정도 넘치는데 이 사회를 위해 할 수 있는 일을 찾다 보니 봉사였다. 무슨 봉사를 할까 생각해 보았다. 이왕이면 봉사의 효과가 크고 다른 사람이 잘 하지 않는 사회개혁을 추진하는 것이라고 생각했다. 우리 사회의 잘못된 제도와 의식 개선 노력이 무엇보다도 의미 있다고 생각했다.

신문 기고를 통해 사회개혁에 대해 주장을 펼쳤고, '선진사회만들기연대'와 '선진화포럼' 등을 통해 정치와 사회 개혁을 위한 시민운동을 했다. 우리 사회 시스템 개혁의 주장이 담긴 〈국가개조론〉도 출판했다.

그런데 이런 크고 작은 노력들에는 한계가 있었다. 대부분의 사회개혁은 법령 또는 예산과 관련이 있는데, 이를 잘 하려면 국회의원이 되는 길이 효과적이라고 생각했다. 국가와 국민을 위해 보다 본질적이고 큰 봉사를 하고 싶었다.

국회의원으로서 행정부를 견제하고 각종 법령을 심의하려면 열정만으로는 안 되고 전문성이 있어야 한다. 기존 정치인 중에는 전문성이 부족한 사람이 많이 있다. 수백 조가 되는 예산과 복잡한 법령을 다루는 것이 국회의원의 직무인데, 전문성이 없어 보좌관에게 맡기는 경우가 흔히 있다. 행정을 알아야 법을 잘 만들 수 있다. 예산을 다루는 데 뭐가 문제인지 알아야 제대로 의정 활동을 할 수 있다.

공직생활 동안 내가 늘 해 온 일이 행정과 법, 예산 등이다. 또한 평소 누구보다 사회개혁에 대해 관심이 많았다고 자부한다.

우리나라에서 신뢰도가 낮은 직업이 정치인이다. 국회의원을 도둑놈이라 할 만큼 불신이 깊다.

"당신 같은 사람이 왜 까마귀들 노는 데 가려하느냐?"

내가 정치를 하겠다고 하자 더러 말리는 이들도 있었다.

"국회의원을 제대로 할 사람이 가서 그 판을 바꿔줘야 하지 않겠나?"

전문성과 도덕성으로 정치판을 조금이라도 낫게 해야 하지 않겠는가. 지금 있는 사람보다 낫다면 누구든지 정치로 나가야 한다. 국민을 위해서 봉사하려는 마음을 가진 사람이라면 비난보다는 도와줘야 하지 않겠는가.

"내가 왜 험한 짓을 하려고 하겠나? 내가 그들보다 나쁜가? 그렇지 않다면 도와줘야 한다. 그래야 세상이 바뀌진다. 어렵지만 나부터 정치를 바꾸는 데 기여하겠다."

내 솔직한 심정을 정치에 불신이 가득한 이들에게 토로한 적이 있었다. 진흙탕 정치판에 들어가는 것도 봉사라고 생각한다.

"지금 정치가 혼자 소신을 지키게 해? 다 그 밥에 그 나물이지!"

사실 당론이 정해지면 따라야하는 것이 우리나라 정당정치의 현실이다 보니 그런 말이 나오는 것도 무리가 아니다. 대부분의 의원들이 당론을 안 지키면 당 지도부의 미움을 사, 다음 공천에 불리해질 것을 우려해 당론을 따르게 된다.

나는 장관까지 한 사람으로서, 국회의원 한 번 더 하기 위해 소신에 맞지 않는 당론을 따라가는 꼭두각시 노릇은 하지 않을 것이다. 내가 국회의원을 하고자 하는 것은 세상을 바꾸는 데 기여하고 싶어서이지 명예나 권력을 탐해서 그런 것은 아니다.

그리고 국회의원은 늘 유연하고 열린 사고를 가져야 한다고 본다. 사람은 일반적으로 늙어감에 따라 몸과 마음의 유연성이 떨어진다. 그러나 사람에 따라서는 젊은이도 사고가 굳은 사람이 있고 늙은 사람도 생각이 유연한 사람이 있다. 생각의 유연성이야말로 젊음을 유지하는 비결이다. 변화를 받아들이는 데 있어서도 굳은 사고보다 유연한 사고가 필요하다. 정치인 하면 변화를 두려워하는 것처럼 인식되는데, 그렇지 않다는 것을 보여줄 것이다.

"요즘 말이야. 물가정책이 제대로 되고 있는 거야?"

"청년실업, 비정규직 문제 심각한데 대책은 무엇인가?"

예전 경제기획원 동료들과의 만남에서 자연스럽게 이어지는 대화의 주제다.

"어떻게 하면 우리 사회시스템을 고칠 수 있을까?"

내가 던진 말은 옛 동료들에게 하는 말이 아니라 내 자신에게 하는 질문이었다. 사실 늘 내 자신에게 던지는 질문이었지만, 계속 반복되는 건 어쩌면 내가 풀어야 할 과제가 아닌가 싶었다.

책을 내기 위해 원고를 집필하면서도, 강단에 서서 젊은 학생들에게 내 공직경험을 바탕으로 강의를 하면서도 풀리지 않았던 것은 내게 그것을 해야 하는 일종의 소명이 있는 것만 같았다. 그래서 정치를 생각하게 되었다.

아직 우리나라가 안고 있는 문제가 너무 많다. 특히 신뢰라는 인프라가 너무 없다. 광우병이나 연평도 문제가 터졌을 때도 전문가마저도 믿지 못하는 상황이 되지 않았는가. 정부 규제에 불신을 보내는 등 갈등이 고조되고 있는 실정이다. 선진국은 신뢰가 없는 환경에서는 될 수 없다.

사회갈등 또한 우리 사회의 큰 문제이다. 계층 간 이동을 말하는 사회적 유동성(Social Mobility)이 줄어들고 있다. 개천에서 용 나고, 부자도 잘못하면 제대로 처벌을 받는 사회가 되어야 한다. 왕후장상의 씨가 따로 없듯 능력에 따라 성공할 수 있는 시스템을 만들어야 한다. 사회적 유동성이 이뤄져야 하고, 사회시스템이 바뀌어져야 한다. 법과 질서와 공중도덕이 살아 있어야 하고, 남에게 폐를 끼치지 말아야 한다. 경찰을 때리는 나라가 지구상 어디에 또 있겠는가.

이제 우리 사회는 행복지수를 계발해야 한다. 국가 경제성장률이 높다고 행복해지는 것이 아니다. 국민들의 진정한 행복을 높일 수 있는 지수를 만들어야 한다. 소득이 높아졌다고 행복해지는 것이 아니다. 우리 사회가 양극화되고 있는데, 소득분배가 고른 사회로 나가야 한다.

내가 2008년 출마를 한 지역은 경기도 안양시 동안 갑이었다.

난생 처음 선거운동을 하였다. 처음부터 정치현실은 녹록한 것이 아니었다. 민주당 후보가 네거티브 전략으로 나를 철새라고 비난하기 시작했다. 노무현 대통령 시절 건교부 장관한 사람이 한나라당 후보로 나왔다고 그런 것이다. 앞서 이야기 한 것처럼 나는 직업공무원 출신으로 박정희 정권부터 모든 정권에서 일했으며, 장관으로 임명받기 전까지 노대통령과 일면식도 없었다. 그리고 장관 퇴직 5년 후인 2008년 처음으로 정당 입당을 하였다. 당연히 정당을 옮긴 적도 없다. 그런 사정을 누구보다도 잘 알고 있는 민주당 후보가 그렇게 나를 비난하는 현실을 보고 정치의 냉혹한 현실을 알게 되었다.

선거운동 기간 동안 나름대로 최선을 다해 열심히 뛰었지만 결과는 낙선이었다. 처음에는 아쉬운 마음이 들기도 했지만 느끼는 바가 많은 선거 결과였다. 지역의 밑바닥 민심을 알게 되었고, 정치가 무엇인지 배우게 되었다.

그리고 개인적으로는 선거 실패가 나를 돌아보게 하는 반성의 계기가 되었다. 만일 내가 단기간의 선거운동으로 당선이 되었다면 나름대로 열심히 의정활동을 했겠지만, 한편으로는 오만한 마음도 생기지 않았을까 생각되었다. 기다리고 겸손해지라는 하늘의 뜻으로 생각되었다. 그리고 더욱 낮아져야 한다는 생각이 들었다.

낙선 이후 주민들과 가까워지는 법을 배웠다. 주민들과 눈높이를 같이 하니 주민들의 삶과 마음이 좀더 잘 보이게 되었다. 처음보다 지금, 내가 안양을 위해서 할 수 있는 일이 무엇인지 훨씬 구체적이게 되었다.

나는 왜 강원도지사 출마를 거절했는가?

내 고향은 강원도다.

어려서부터 아버지 덕분에 강원도를 두루 다녀본 나로서는 누구나 그렇듯이 고향에 대한 애착이 있다. 강원도 출신으로 장관, 차관을 한 덕분으로 오랜 세월 강원도민회 중앙회장을 맡고 있다.

현재 강원도민회 중앙회장을 맡고 있고, 중앙정부와 많은 인맥을 갖고 있으므로 강원도지사 선거 때면 고향 지인들로부터 출마 요구를 많이 받는다. 2011년 강원도지사 보궐선거에도 출마요청이 들어왔다. 한나라당 고위층도 강력히 요청해 왔다.

강원도 출신으로서 강원도의 살림을 맡아 강원도 발전에 도움이 되는 일을 하는 것도 보람이겠지만, 내가 지향하는 길은 특정 지역발전보다 국가 전체 시스템의 개혁에 있다. 내가 지금도 느끼고 있는 우리 사회의 제반 문제점은 법과 제도에 관한 것이므로 도지사보다는 국회의원으로서 할 일이 많다고 본다.

나는 국회에 나가서 기여할 바가 많다고 확신한다. 그것이 내가 강원도지사가 아닌 국회의원을 택한 이유이기도 하다. 그리고 안양 시민과 함께 하기로 한 약속을 저버릴 수 없다.

행복도시
안양을 위하여

안양은 참 흥미로운 곳이다.

안양은 인구의 지역별 · 성별 · 연령별 구성이 전국 평균과 비슷한 데다가 4번의 대선에서 주요 후보의 안양 득표율과 전국 득표율이 거의 일치해 '한국의 뉴햄프셔' 로 불리는 곳이다. 미국 뉴햄프셔 주는 미국의 첫 예비선거가 시작되는 곳으로, 뉴햄프셔의 선거결과는 향후 선거 판도에 큰 영향을 미치는 정치적인 무게와 상징성이 있다.

2008년 낙선 이후 안양 지역 발전에 대해 항상 고민하게 되었다. 안양은 서울과 인접한 수도권이라고는 하지만 주위 도시에 비해 상대적으로 발전이 정체되고 있다. 안양도 다른 수도권의 도시와 같이 교통, 주택, 복지 등 많은 과제가 있다.

인덕원-안양역 복선 전철 추진

현재 안양 동안 지역의 최대 숙원 사업은 복선전철이다.

판교~월곶(시흥) 복선 전철이 인덕원 역과 안양역을 경유하게 되어 있다. 이 사업은 안양의 관양동과 비산동 주민의 교통난 해결을 위해 반드시 추진되어야 하는 사업이다.

2010년 판교~월곶 구간의 예비타당성 조사가 실시되었다. 내가 그해 연말 점검해보니 사업성이 타당성 기준인 1에 부족한 것으로 나타났다. 그대로 놔둘 경우 사업이 취소될 것이 염려되어 2011년 1월 6일 안양시 동안 갑 한나라당 시의원(권용호, 심재민, 김주석, 박정례)들과 함께 주무부서인 국토해양부의 정종환 장관과 예산 배정권을 가진 기획재정부 김동연 예산실장을 차례로 방문하였다.

동 사업의 필요성을 역설하고 원활한 추진을 부탁하였다. 두 사람은 향후 철도의 경우 도로보다 환경 친화적인 면이 크므로 우선 순위를 높이는 방향으로 타당성 심사지침을 바꾸겠다는 점 등을 이야기하며 적극 협조하겠다고 약속하였다.

3월과 4월 2회에 걸쳐 국토해양부 관련 과장, 국장, 실장 등을

지역현안 *따뜻한 최종찬은 행동으로 보여 줍니다.*

인덕원 ~ 안양역 복선전철사업 다시 살렸습니다.

- 2010년 예비타당성결과 0.86 〈 1 미흡으로 사업취소 단계
- 2011. 1. 06 : 최종찬위원장 국토해양부 장관, 기획재정부 예산실장 면담
  - 사업의 타당성과 예비타당성 심사기준 개선요구
- 2011. 3. 28 : 관계실무자와 간담회
- 2011. 4. 04 : 2011 ~ 2014 정부 신규사업 확정발표
  - 판교~ 인덕원 ~ 안양역 ~ 월곶(시흥) 복선전철 (국토부는 철도의 평가기준완화로 향후 예비타당성결과가 긍정적일 것으로 예상하여 발표)
- 2011. 8. 01 : 예비타당성조사 재 실시

앞으로 최종찬이 주민과 함께 꼭 해야 할 일

- 사업조기착공 · 완공 노력
- 관양권, 비산권에 "역"신설 추진
- 지역 국회의원의 역할이 절대 중요합니다.
  - 최종찬위원장의 국정경험(전 건교부장관, 기획예산처 차관)을 토대로 적극추진

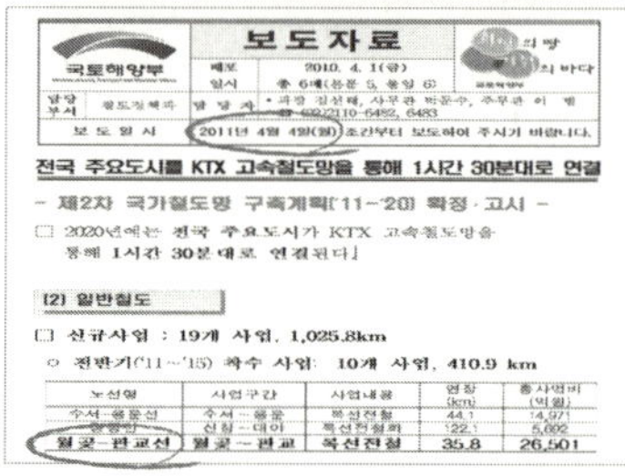

보도자료

국토해양부

2010. 4. 1(금)

보도일시 2011년 4월 4일(월) 조간부터 보도하여 주시기 바랍니다.

전국 주요도시를 KTX 고속철도망을 통해 1시간 30분대로 연결

- 제2차 국가철도망 구축계획('11~'20) 확정 · 고시 -

□ 2020년에는 전국 주요도시가 KTX 고속철도망을 통해 1시간 30분대로 연결된다

(2) 일반철도

□ 신규사업 : 19개 사업, 1,025.8km

○ 전반기('11~'15) 착수 사업: 10개 사업, 410.9 km

노선명	사업구간	사업내용	연장(km)	총사업비(억원)
[illegible]	[illegible]	[illegible]	44.1	14,971
[illegible]	[illegible]	[illegible]	22.1	5,602
월곶-판교선	월곶-판교	복선전철	35.8	26,501

만나 동 사업의 필요성을 설명하였다. 그 후 예비타당성 심사지침이 철도에 유리하게 바뀌었고, 이에 따라 판교~월곶 전철 사업은 예비타당성 조사를 다시 실시하게 되었다.

2011년 4월 4일 국토해양부가 향후 전국 철도망 건설 계획을 발표하였는데, 판교~월곶 구간도 신규 사업으로 포함되어 있었다. 2011년 8월에 예비타당성 조사가 다시 실시되어 11월 현재 진행 중인데 국토해양부 관계자에 의하면 타당성이 있을 것으로 본다.

그 당시 국토해양부가 예비타당성 재실시 결과가 나오지도 않았는데 판교~월곶 구간을 신규 사업에 포함시켜 발표한 것은 예비타당성을 재조사하게 되면 이번에는 타당성이 있을 것으로 판단되었기 때문이라고 한다.

예비타당성 조사가 끝나면 2012년에는 본 타당성 조사와 기본

계획을 만들게 된다. 기본 계획에서 인덕원 역과 안양 역 사이에 정차역이 결정된다. 정차역은 주민의 의견이 최대한 반영되도록 적극적으로 노력하려 한다.

현재 이 사업의 주무부서는 국토해양부이고, 기획재정부에서 예산을 담당하고 있다. 이 두 부처는 내가 장관과 차관을 지낸 곳이다. 최근 양 부처의 장관, 차관을 동시에 역임한 사람은 내가 유일하다.

복선 전철 등 대형 사업은 지역 간 예산 경쟁이 치열하기 때문에 무엇보다 지역구 의원의 역량이 매우 중요하다. 나의 국정 경험과 인적 네트워크를 최대한 활용하여 안양 발전에 적극 노력할 계획이다.

작은 일도 주민이 필요한 일이라면 열심히 하겠다. 안양시 부흥동 부흥초등학교 정문과 신성아파트 정문 사이에 횡단보도가 없어 교통사고 위험이 높았다. 그동안 주민이 숱하게 이야기해도 안되었다. 나와 주민대표가 동안경찰서장에게 청원한 결과 그 문제가 해결되었다. 같은 내용이라도 진정성 있게 설명하자 관계당국도 이해하게 되었다.

가슴으로
배우는 봉사

"낮은 데로 임하소서!"

정치인이 되면서 나는 낮아지는 법을 배웠다. 그동안 공직생활을 하면서 정책을 잘 세우는 것이 봉사라 여겼다. 그러나 실제로 봉사를 하고 보니 서민의 삶을 머리가 아니라 가슴으로 느끼게 되었다. 나는 이제까지 공직의 경험으로 복지를 잘 안다고 생각해 왔는데, 봉사를 하면서 진정한 복지가 무엇인지 새롭게 깨닫게 되었다. 그동안 내가 알아왔던 복지가 어쩌면 너무나 피상적인 것이 아니었는지 돌아보게 되었다.

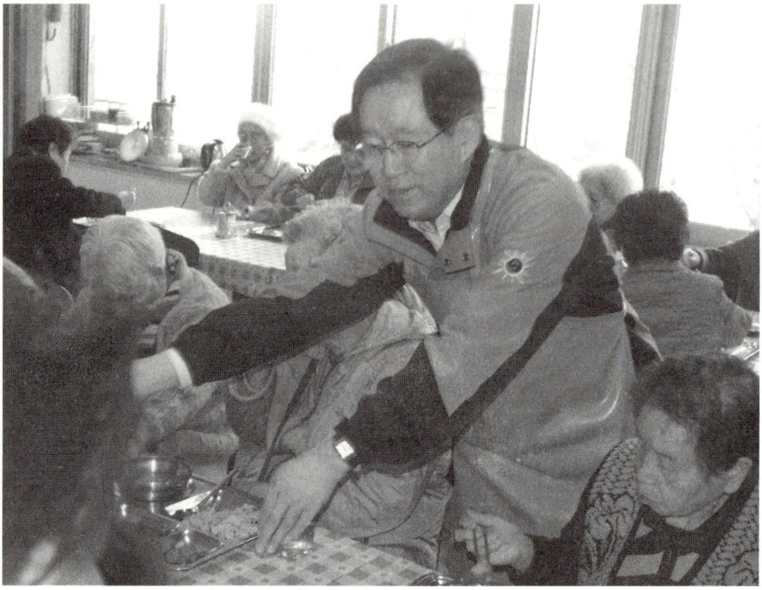

나는 낙선 이후 가급적 많은 봉사를 하려고 하고 있다. 그래서 네 가지 봉사를 정기적으로 하고 있다.

매월 첫째 월요일은 부흥동 복지관에서 지역 주민들과 함께 저소득층 어르신들을 위한 급식봉사를 한다. 그리고 넷째 수요일은 비산복지관에서 급식봉사를 한다. 아침 9시 30분경 복지관에 가서 음식물 조리 준비와 복지관 청소 등을 하고, 11시 30분경부터 12시 30분경까지 배식하고, 식사한 후 설거지 정리까지가 봉사의 하루 일과이다.

월요일 부흥동 복지관에서 저소득층 어르신들에게 점심 배식 봉사를 하면서 느낀 점이 있었다. 수요일 비산동 복지관과의 차

이를 발견한 것이다. 수요일보다 월요일 밥 양이 훨씬 많았다. 어르신들 나이를 보나 숫자를 보나 크게 다를 것이 없어 보이는 데 말이다. 곰곰이 생각해 보니 토요일과 일요일은 복지관이 쉬니까 집에서 밥을 제대로 챙겨 드시지 못해 월요일에 더 드시는 것이 아닌가 싶었다. 그 생각을 하니 마음이 무거워졌다. 양쪽을 해보지 않았다면 모를 일이었다.

매주 월요일 저녁에는 '청소년 공부방 1318 해피존' 에서 아이들을 가르친다. 매월 둘째 월요일 아침에는 비산동 거리청소를 희망봉사단 어르신들과 같이 한다. 아침 7시부터 주민들과 비산1동을 청소한다. 단독주택과 빌라 촌을 돌며 길거리의 담배꽁초나 쓰레기들을 치운다. 청소를 하면서 아직까지는 사람들의 공중도덕 의식이 부족하다는 것을 느꼈다. 거리에 담배꽁초도 많고, 쓰레기를 규격봉투가 아닌 데에 담아서 정해진 장소가 아닌 곳에 마구 투기하는 사람들도 있었다. 그곳에 쓰레기를 함부로 버리지 않게 화분을 갖다놓을까도 생각해 보았다. 그런데 화분만 없어진다고 했다. '여기에 쓰레기를 버리지 마세요!' 라고 적힌 곳에 버젓이 쓰레기를 버리는 경우도 있었다. 함께 사는 사회인데 공중도덕이 큰 문제였다. 사람들의 의식이 나아졌으면 좋겠다.

또한 건강한 어르신들이 나름대로 할 일이 있어야겠다. 일자리가 최대의 복지라고 생각한다.

"애들 공부방에는 왜 가는 거야? 애들이 유권자도 아니라서 표

도 안 되는데 말이야. 그렇다고 부모들이 알아주기나 해? 꼭 갈 필요가 있을까?"

많은 사람들이 공부방 봉사 대신에 경로당을 더 가라고 충고한다. 실제로 대부분 정치인들이 경로당을 열심히 다니지만 공부방은 봉사는커녕 방문하는 사람들이 거의 없다. 3년 동안 공부방에서 매주 아이들을 만나지만 그들 부모들은 아무도 만나지 못했다. 3년 동안 120회 정도 아이들을 가르쳤다.

봉사는 어려운 사람에게 실질적으로 도움이 되어야 한다. 고위 공직자나 정치인이 전시성으로 사진 찍는 식의 봉사가 무슨 도움이 되겠는가? 묵묵히 일하는 봉사자들이 그들을 접대하느라고 시간만 뺏기는 경우가 많다.

정기적인 봉사 이외에도 서민의 삶을 가슴으로 느끼기 위해 가급적 많은 봉사활동에 참여하고 있다.

한번은 관양1동의 저소득층 생활실태를 조사하러 다닌 적이 있었다. 사회복지사와 함께 방문했던 한 곳은 보증금 300만 원에 월세 5만 원 하는 집이었다. 그런데 주거 상태가 엄청 나빴다. 온 방안이 곰팡이가 피어 퀴퀴한 냄새가 났다. 잠깐도 앉아 있기가 어려운데, 이 환경에서 어떻게 살아가는지 마음이 답답했다.

'아, 아직 이렇게 사는 사람들도 있구나!'

그곳을 보면서 정부가 그늘진 곳에 해줄 것이 많다고 생각했다. 정부가 다른 곳에 돈을 쓰기보다 복지에 신경을 많이 써야겠

다는 생각이 들었다. 마음이 너무 아파서 도울 길이 없나 생각하면서 돌아왔다.

몇 개월 후 페이스 북에서 집수리 봉사를 하는 사람들을 보고는 연결을 시켜줘야겠다는 생각이 들어서 동사무소를 찾았다.

"그 집 기억합니까? 도배하는 봉사를 해 봅시다."

사회복지사에게 내 뜻을 전했더니 이미 동사무소에서 정부시책으로 해 주었다고 했다. 그 말을 듣고 나니 마음이 한결 홀가분해졌다. 늘 그 집을 생각하면 가슴에 커다란 돌이 들어 있는 것처럼 마음이 무겁고 죄책감까지 들었는데 참으로 다행이었다.

우리나라도 먹고 입는 문제는 대부분 해결돼 있다고 본다. 앞으로 정부에서 영구임대주택건설을 확대하고 저소득층에 대한

주거비 지원도 늘려 주거문제 해결에 더 노력해야 한다.

주민들과 가까워지는 방법은 직접 주민들 곁으로 다가가는 것이었다. 그것은 단순히 그들의 삶을 보고, 그들의 말에 귀를 기울이는 것도 필요하겠지만 내가 가진 육체와 재능으로 봉사하는 것이야말로 가장 가까워지는 일이었다. 나를 필요로 하는 곳이 있다면 언제든지 찾아가려고 한다.

봉사를 하면서 가슴으로 느끼고 배우는 것이 참 많았다. 감사와 긍정을 배우는 것은 물론 내 스스로가 행복해지는 걸 느낄 수 있었다. 그리고 서민을 위한 정책, 사회적 약자를 배려하는 정책을 만들어야 한다는 생각을 하게 되었다.

한 번은 명절이 다가오는 어느 날이었다.

할머니 한 분이 한숨을 푹푹 내쉬는 것이었다.

"할머니, 명절이 다가오는데 좋지 않으세요? 왜 그렇게 한숨을 쉬세요?"

"복지관이 명절에는 쉬잖아요."

누구나 좋아하는 명절이지만 복지관이 3일 동안 문을 닫기 때문에, 찾아올 친인척도 없는 이 사회의 그늘진 사람들에게는 남모르는 애환이 있었다. 유일하게 그들의 의지가 되는 복지관마저 명절에는 열지 못하니 갈 곳이 없는 그들에겐 명절이 결코 반가울 수만은 없었다.

작년에 지적장애인 시설에 자원봉사를 갔다.

시설에서만 살아야하는 지적장애인들의 하루 외출을 돕는 봉사였다. 몽산포로 놀러 가는데 장애인 1명에 자원봉사 1명이 배정되었다. 나도 한 장애인을 맡아 하루 종일 봉사를 했다.

21세인 청년이었는데, 지적 장애를 가지고 있다 보니 5–6세 정도의 지능을 가지고 있었다. 버스로 이동하는 데 한시라도 떨어져 있으면 안 될 정도로 밀착 보호를 해야 했다. 휴게실에 내려 화장실을 데려갈 때도 마찬가지였다.

"화장실만 다녀오셔야 합니다. 휴게실에 눈길을 주게 하면 안 됩니다."

주의를 단단히 듣고 청년을 화장실로 데려 가야 했다. 어린 아이와 같은 상태이기 때문에 휴게실에 눈길을 주게 되면 뭐든 사달라고 떼를 써서 곤란하게 된다는 것이다. 그래서 화장실만 갔다가 얼른 버스를 탔다.

바닷가에 가서 함께 노는데 체격이 있어서 너무 힘들었다. 더군다나 무슨 일이라도 생길까 봐 바짝 긴장을 했더니 몸이 더 힘들었다.

집에 돌아와 생각하니 말썽을 일으키는 아이도 효자구나 싶었다. 신체 건강한 것만으로도 감사할 일이었다. 아이가 잘 자라주는 것도 고마운 일인데, 부모의 욕심에 너무 바라는 게 많은 것이 아닌가 싶었다.

과거 공직생활을 하면서 제대로 봉사활동을 해 본 적이 없었다. 최근에는 시간을 내서라도 가능한 봉사 활동을 하려고 한다. 저소득층 학생 공부방 강의, 급식 봉사, 정신지체아 외출 돕기 봉사 등을 경험하였다. 처음 봉사활동은 남을 돕는다는 것이라고 생각하였는데, 실제 봉사활동을 하여보니 내 자신이 행복해지는 것을 느꼈다.

첫째는 나의 조그마한 정성이 다른 사람을 행복하게 한다는 점이 기분 좋은 일이고, 둘째는 어려운 사람을 도우면서 내가 현재 얼마나 좋은 여건에 사는지 감사하게 된다. 지적장애아를 보면 공부 못하고 말썽부리는 자식도 건강하다는 것만으로 얼마나 소중한 것인지 느끼게 될 것이다. 불행해진 후에 평범한 일상이 얼마나 행복한 것인지 알게 된다.

지역에서 봉사를 마치고 마음이 푸근해져 일기처럼 적은 글이다. 봉사를 하면서 내가 어려운 사람에게 도움을 주는 것이 아니라 오히려 내가 배우는 것이 더 많았다. 어려운 환경의 사람들을 많이 만나면서 나의 하루하루 일상에 진심으로 감사하게 되었다. 이렇듯 얻는 게 더 많기 때문에 여러 일정 중에서도 봉사를 최우선 순위로 두게 되었다.

지역사회를 훈훈하고 아름답게 만드는 것은 바로 '따뜻한 마음'이다. 나는 그동안 사람들은 무슨 이익이 있어야 일을 한다고 생각했다. 그러나 누가 알아주지 않아도 자기에게 이익이 없어도 열심히 봉사하는 사람이 많다는 것을 알았다. 특히 남성보다 여성봉사자들이 훨씬 많다.

아파트와 각 동의 부녀회, 학교 녹색 어머니회 등 많은 여성 봉사단체가 있다. 이와 같은 훌륭한 분들이 많이 있어서 우리 사회는 살만한 것이 아닐까? 우리 모두 봉사자들에게 감사의 박수를 보내자.

과거보다 일인당 소득은 몇 배 늘어났지만, 행복감은 결코 늘어나지 않은 것 같습니다. 행복은 반드시 물질의 소유와 비례하지 않습니다. 같은 사물을 보아도 받아들이기에 따라 달라집니다. 교통사고로 팔이 부러졌을 때 어떤 이는 "왜 나만 재수 없게 팔이 부러졌는가?" 불평하는데 비해 어떤 이는 "생명에 지장이 없고, 잠깐 고생만 하면 나을 것이니 다행이야"라고 생각합니다. 누가 더 행복할 것인지 말할 필요가 없습니다.

우리 사회를 더 따뜻하고 행복하게 만들기 위해 좋은 글과 생각을 나누고자 지인들에게 배달하는 '행복편지' 의 일부다. 이 편지로 행복 바이러스가 널리 퍼졌으면 좋겠다.

Part 5_ 최종찬이 그리는 공평하고 따뜻한 세상

어릴 때부터 신문을 읽으면서 사회문제에 대해 눈을 떴던 나는 지금까지도 신문을 손에서 놓지 않는다. 여전히 신문을 통해서 세상을 본다. 공직생활을 하면서 숱하게 신문기사를 장식하기도 했지만, 이제는 신문을 통해 세상과 소통한다.

최근에는 서울신문에 칼럼을 쓰고 있다. 매월 내 이름을 걸고 칼럼을 쓰게 되었는데, 신문사에서 내게 칼럼 제목을 정하라고 했다. 요즈음 우리 사회의 가장 큰 문제가 사회적 양극화라고 생각하니 더불어 사는 의미의 제목이 좋을 것 같았다. 그래서 '따뜻한 사회' 로 정했다. 신문에 쓰는 칼럼은 주로 내 경험을 바탕으로 다양한 이야기를 싣는다.

감사와 긍정의 삶, 국민의 행복지수, 가진 사람이 먼저 양보해야 한다는 주제와 더불어 전세대책이나 교육문제 등 우리가 따뜻한 세상을 만드는 데 있어서 필요한 것이 무엇인지 독자와 소통하려고 한다.

이제껏 국가경영이나 국가개조에 대해서 관심이 많았다. 그런데 국가경영이라는 큰 집을 짓기 위해서는 낱낱의 부속물들을 알아야 한다. 바로 내가 살고 있는 곳에 주민들이 무엇을 필요로 하는지 먼저 알아볼 필요가 있다. 예전에는 숲을 보는 게 익숙했다면 이제는 나무 한 그루도 자세히 보려 한다.

정치라는 것이 큰 틀에서만 움직이는 것이 아니라 작은 것에 귀 기울이고, 그늘진 곳을 살필 줄 아는 것이리라. 보다 낮은 자세로 주민과 가까이 하려고 노력한다. 내가 신문에 쓰는 따뜻한 사회를 만들려면 그런 마음가짐과 작은 실천부터 제대로 해나가는 것이 중요하지 않겠는가.

신뢰라는
인프라를 구축하자

우리나라는 그동안 괄목할 만한 경제발전을 이룩하였다. 도로, 철도, 공항 등 인프라(사회간접자본)도 획기적으로 늘어났다. 전국의 도로는 모두 포장되었고, 고속철도 건설로 서울~부산이 2시간대로 가까워졌다. 이렇게 물적(物的)인 인프라는 충분히 축적되었으나 보이지 않는 신뢰라는 인프라는 제대로 축적이 안 되고 있다. 미국의 프랜시스 후쿠야마 교수는 그의 유명한 저서 《신뢰》(Trust)를 통해 국가발전에 있어 신뢰의 중요성을 역설하였다. 그는 우리나라를 신뢰도가 낮은 국가로 분류하였다.

신뢰라는 인프라는 눈에 보이지 않아 제대로 측정할 길도 없어 우리나라가 다른 나라에 비해 얼마나 부족한지, 신뢰 부족이 어떤 문제를 초래하는지 잘 인식하지 못한다. 문제를 심각하게 인식하지 못하므로 사회적 경각심도 부족한 것이 사실이다. 신뢰 부족으로부터 초래되는 문제는 생각보다 크다.

정부의 각종 규제와 복잡한 절차 등도 신뢰 부족에서 비롯된 것이 많다. 연간 수천만 통이 발급되는 주민등록등본, 인감증명서는 당사자가 관련 문서에 기입하면 될 일을 거짓말하는 사람이 많다고 생각하여 기재내용이 확실하다는 것을 증명하기 위해 만들어진 것이다. 모든 국민이 정직하다고 생각하면 주민등록등본, 인감증명서를 떼는 데 소요되는 시간과 비용을 절약할 수 있다. 우리나라 기업의 주식이 기업 운영과 회계의 투명성 부족으로 과소평가되는 것도 신뢰 부족으로 인한 것이다.

국민들이 거짓말을 안 하면 많은 예산을 절약하거나 효율적으로 사용할 수 있다. 각종 공공사업의 경우 토지 보상비가 눈덩이처럼 늘어나고 있다. 토지 보상비 증가는 토지 소유자의 보상가 부풀리기와 관계자의 묵인 등으로 늘어난다. 예컨대 고가의 토지 보상비를 노려 개발예정 산간 오지에 장미꽃과 인삼밭을 만들고 심지어 집까지 짓는다. 교통사고로 인한 부상자가 필요 이상으로 입원하는 사례도 항상 지적되는 문제이다. 과잉진료가 보험료를 인상시키는 원인이 되고 있다. 정부에서 보조금을 받는 기초생활수급자 중 엉터리 수급자가 없지 않다. 자립할 요건이 되어도 기초생활수급자에서 빠져나가지 않으니 새로운 사람을 추가하기도 어려워진다.

신뢰 부족은 사회적 갈등을 증폭시켜 국가적으로 엄청난 비용을 초래하고 있다. 미국 쇠고기 수입과 관련된 광우병 소동이 그 예이다. 전문가들이 숱하게 광우병에 관한 내용을 설명하였으나 정부를 불신하여 불필요한 사회적 혼란을 야기하였다. 2008년 인터넷에 외환위기와 관련하여 유언비어를 퍼뜨린 '미네르바' 사건도 우리사회의 신뢰 부족을 드러낸 예이다. 많은 사람이 정부나 전문가의 이야기보다도 인터넷의 이름 없는 논객의 이야기를 더 믿고 있다.

우리사회의 뿌리 깊은 지연, 혈연, 학연의 연고주의도 자기 고향, 가족, 동창 출신이 아니면 못 믿겠다는 생각에서 나온 것이다. 이와 같은 연고주의는 능력 위주의 인사를 저해하여 국가 전체의 효율성을 떨어뜨린다.

이제부터 신뢰 인프라 구축을 국가적 역점 과제(National Agenda)로 해야 한다. 대책은 자명하다. 거짓말에 대해서 사회적 제재가 강화되어야 할 것이다. 예컨대 허위공시, 허위보고, 허위보도, 위증에 대한 처벌이 강화되어야 한다. 수년 전 미국 금융당국은 일본 다이와은행 미국 지점의 허위보고 등에 대하여 3억 4000만 달러(약 3700억 원)의 과징금을 부과하였다. 우리나라도 최근 나아지고는 있으나 여전히 허위공시에 대하여 관대한 편이다. 정직은 어려서부터 몸에 배게 가르쳐야 한다. 국립공원 등에서 '6세 미만 어린이는 무료'라고 할 때 어린이에게 거짓말하라고 시키는 부모들이 종종 있다. 국회의 엉터리 폭로, 인터넷 유언비어 등 '아니면 말고' 식의

풍토도 없어져야 한다.

신뢰 제고는 단기간에 개선될 일이 아니다. 정부의 제도 개선 노력과 함께 언론기관이나 시민단체가 협력하여 지속적으로 의식개혁 운동을 해야 할 것이다.

〈출처: 서울신문 2011년 2월 10일, 최종찬 따뜻한 사회-신뢰, 인프라를 구축하자〉

외국 속담에 "Honesty is the best policy. 정직이 최선의 정책이다." 라는 말이 있다. 미국에서 어린이들이 가장 많이 듣는 말이 "거짓말 하지 말라"라는 말이고, 일본에서는 "남에게 폐를 끼치지 말라"라는 말이라고 한다. 우리나라는 무엇일까? 아마 "남에게 지지 말라"일 것이다. 현재 우리사회는 물적 자산이 많이 축적되었으나 신뢰라는 자산이 턱없이 부족하다.

"우리는 각자의 마음속에, 그리고 이 세계 속에 있는 선함이 실현될 것이라고 믿어야만 한다. 믿음이야말로 선함이 실현될 수 있는 최고의 조건이기 때문이다."

톨스토이는 신뢰가 세상을 변화시킬 수 있는 힘을 가지고 있다고 말했다. 신뢰가 없는 사회는 그만큼 발전할 수 없다. 불신으로 가득 찬 사회가 발전할 수 있겠는가. 그래서 신뢰를 잃어버리게 되면 사회적으로나 경제적으로도 손해다.

신뢰를 쌓는 데는 오래 걸리지만 신뢰가 깨지는 것은 순간이라는 것은 누구나 알고 있는 사실이다. 신뢰를 쌓기 위해서는 약속을 지키는 것이 중요하다. 약속이 신뢰의 바탕이 되기 때문에 꼭 지켜야 한다. 양치기소년의 동화에서도 알 수 있듯이 정부도 정책에 대한 약속을 지키는 것이 필요하다. 그래야 국민들이 정부를 신뢰할 수 있다.

프랜시스 후쿠야마 미국 스탠퍼드대 교수는 《트러스트(TRUST)》라는 책에서 "한 국가의 복지와 경쟁력은 하나의 지배적인 문화적 특성, 즉 한 사회가 고유하게 지니고 있는 신뢰의 수준에 의해 결정된다"고 했다. 신뢰는 한 개인의 문제만이 아닌 사회적 신뢰, 공적인 신뢰가 되기도 한다. 후쿠야마 교수는 창의적인 글로벌 인재가 배출되기 위해서도 서로를 신뢰할 수 있는 사회적 분위기가 토양으로 자리잡아야 한다고 했는데, 우리 사회 역시 유념해야 할 점이라고 본다.

신뢰는 일방적인 것이 아니라 함께 만들어 나가는 것이다. 특히 사회적인 신뢰는 선진사회로 도약하는 핵심요소이다. 먼저 공직자와 사회 지도층이 솔선수범하여 국민으로부터 신뢰를 받는다면 국민들 또한 신뢰를 중요 덕목으로 여길 것이다. 그것이 우리 사회의 신뢰라는 인프라를 쌓아가는 일이 아니겠는가.

개천에서 용 나는 사회

노무현 전 대통령은 상업고등학교만 나와서 사법시험에 합격해 판사가 되었다. 그러나 앞으로는 법학전문대학원(로스쿨)을 졸업해야 법조인이 될 수 있다. 가난한 사람은 법조인이 되기가 과거에 비해 어려워졌다. 서울대 등 일류대학 학생들의 학부모 소득이 과거에 비해 매우 높아졌다고 한다. 가난한 수재가 좋은 대학에 들어가기가 훨씬 어려워졌다는 것이다. 과거에는 시골의 가난한 수재가 명문대학에 입학하여 아르바이트로 자기 학비는 물론 동생들 학비까지 조달하는 경우가 적지 않았다. 요즈음 우스갯소리로 좋은 학교에 입학하기 위해서는 어머니의 정보력과 할아버지의 재력이 뒷받침되어야 한다고 한다.

최근 세계화시대에 각계에서 잘나가는 사람들은 대부분 영어를 포함해 외국어를 잘하고, 컴퓨터 등 정보기술(IT)에 능숙한 사람들이다. 그래서 부모들은 자녀들을 어려서부터 해외유학을 보내고, 대학생들은 1년 정도 해외 어학연수를 하는 것이 당연시 되고 있다. 이 또한 가난한 집 아이들은 어려운 일이다. 공교육이 부실하여 사교육의 비중이 커진 것도, 가난한 집 아이들이 좋은 학교에 진학하는 것을 더 어렵게 하고 있다. 과거에 비해 개천에서 용 나기가 훨씬 어렵게 되었다고 생각된다.

우리는 평등사회를 원한다. 평등사회는 결과적 평등사회와 기회균등사회로 나눌 수 있다. 우리가 지향해야 하는 사회는 결과적 평등사회가 아니라 기회균등사회라고 생각한다. 결과적 평등사회는 부자들의 재산을 빼앗아 가난한 사람에게 주자는 것인데, 이것은 근로의욕을 빼앗아 모두 가난해지는 결과가 될 수밖에 없다. 파멸한 공산주의가 실례이다. 기회균등사회는 부자와 가난한 사람은 있지만 빈부에 상관 없이 능력만 있으면 돈 벌고 출세할 수 있는 기회가 누구에게나 열려 있는 사회를 말한다.

사람들은 현재의 처지가 어렵더라도 미래에 희망이 있으면 참고 기다린다. 우리나라 사람들은 어느 나라 사람보다도 성취의욕이 강하다. 자신들이 이루지 못한 꿈을 자식세대, 손자세대라도 이루기를 희망한다. 우리 사회는 그럴 가능성이 있다고 믿으면 열심히 일하지만, 그럴 기회가 없다고 생각하면 우리 사회시스템을 불신하게 될 것이다. 이것은 나아가 사회불안의 요소가 될 수밖에 없다. 희망이 없는 사회에서 누가 법과 질서에 순응만 하려 하겠는가? 인기영합적인 정책이 많이 나올 것이다.

따라서 신분상승을 원활하게 하는 사회적 유동성(social mobility) 확대는 우리 사회가 선진화되기 위한 필수적인 과제이다. 사회적 유동성은 경제성장률이나 물가상승률처럼 정기적으로 통계 수치가 발표되는 것도 아니어서 과연 우리나라의 사회적 유동성이 어떻게 되고 있는지 알지 못한다. 따라서 문제가 상당히 심각해질 때까지 국민적 관심사가 되지 못한다.

앞으로 사회적 유동성을 확대하기 위한 시스템을 만들어야 한다. 첫째, 모든 정책이나 예산 운용이 사회적 유동성에 미치는 영향을 분석하여 문제점과 보완방안을 제기할 전담기구가 필요하다. 신분상승 수단으로 가장 중요한 것이 교육이다. 실제로 고교평준화 도입의 중요한 목적 중 하나가 사회적 유동성 확대인데, 현재 그와 같은 목적이 달성되었는지 제대로 분석이 안 되고 있다. 사교육 비중이 커진 것으로 볼 때 사회적 유동성 확대에 별 도움이 된 것 같지는 않다. 또한 법학전문대학원과 같은 제도가 사회적 유동성을 억제하지 않도록 보완책을 강구하여야 할 것이다. 단편적으로 각 부처가 추진하고 있는 여성, 장애인 등 사회적 약자에 대한 제도도 여건변화에 따라 실효성이 없거나 심지어 악용되는 사례도 많으므로 이를 전면적으로 재검토할 필요가 있다.

둘째, 국민과 정책 담당자들이 사회적 유동성 상태에 관심을 갖도록 사회적 유동성 지표를 개발해 정기적으로 발표할 필요가 있다. 사회적 유동성 백서도 정기적으로 발간할 필요가 있다. 오늘은 어려워도 내일은 나도 할 수 있다는 꿈이 있는 사회가 살맛나는 세상이다.

〈출처: 서울신문 2011. 4. 7. 최종찬 따뜻한 사회-개천에서 용 나는 사회 만들기〉

60~70년대만 해도 어려운 형편의 집안에서 자수성가한 사람을 보고 "개천에서 용 났다"고 말했다. 그 말에 아무리 형편이 어려워도 열심히 공부하면 성공할 수 있다는 희망을 가진 사람들이 많았다. 또한 서민들에게는 가장 희망적인 말이기도 했다. 어쨌든 노력만 하면 기회는 열려 있다는 말이니 얼마든지 경제적으로나 사회적으로 상승할 수 있는 사회적 분위기였던 것이다.

그러나 시대가 달라져서 그런가? 요즘에는 아무리 노력해도 부모의 재력이 뒷받침되지 않으면 대학 입시에서부터 뒤쳐질 수밖에 없다는 의미로, 다소 조소적인 '개천에서 용쓴다' 는 말이 나올 정도다. 부잣집에서 판검사가 나올 수밖에 없는 구조라는 것이다. 부모의 사회적 지위까지 대물림되는 사회가 되었다. 이런 식으로 구조가 정착화 되면 우리 사회는 양극화로 치달을 뿐, 사회

화합의 해법이 보이지 않게 된다.

그래서 여기저기서 자성의 목소리도 들리곤 한다. 현 정부는 교육을 통해 가난의 대물림을 끊는 교육 복지와 사교육비 걱정 없는 세상을 만들기 위해 공교육을 강화하자는 뜻을 밝혔다. 다시 '개천에서 용 난다'는 소리가 농어촌 학교에서 들려와야 한다고 했다. 국가 경쟁력 강화를 위해서라도 다양한 방안을 통해 교육 선진화를 이뤄내야 한다는 지적도 이어지고 있다.

무엇보다 정책적으로 사회적 약자들에게 따뜻한 배려를 해야 건강한 사회를 이어갈 수 있다. 우리 정부도 사회적 약자를 위한 정책을 매년 확대하고 있다. 더 많이 가진 사람이 더 겸손하고, 더 많이 배려하는 사회적 분위기를 만드는 것이 중요하다. 서로 따뜻한 배려를 통해 서로 도우면서 서로 상대적으로 공정한 사회를 만들었을 때 상대적 박탈감을 덜 가질 수 있음을 대통령도 강조했다. 건전한 사회는 약한 자를 먼저 생각하고 먼저 배려하는 사회이다. 남을 배려할 줄 모르는 사람들이 많으면 삭막한 사회를 만들 뿐이다. 우리 사회 모든 구성원이 서로 도움을 주고받으며, 함께 더불어 사는 따뜻한 사회를 만들어야 한다. 그것이 공정사회로 가는 길이다. 공정한 법질서, 균등한 기회, 권리의 보장, 건강한 시장경제, 약자에 대한 배려 등이 있어야 성숙한 사회가 된다.

개천에서 많은 용들이 용트림을 하는 사회, 우리 사회의 과제가 되어야 한다.

감사와 긍정을 아는 사회

대부분의 세상 사람들은 돈을 벌거나 승진하려고 노력한다. 그렇게 하는 이유는 궁극적으로 행복하기 위해서일 것이다. 그러면 돈 벌고 출세하면 자동적으로 행복해지는 것일까? 일전에 모 대기업의 잘나가던 엘리트 임원이 자살하는 사건이 있었다. 그 이유는 그동안 회사에서 승승장구하다가 그가 맡았던 일이 소기의 성과를 이루지 못하여 동료에 비해 좌천당하였기 때문이라고 한다. 먹고 살기 어려워서가 아니라 자존심이 상해서 자살한 것이다.

행복은 절대적인 개념이 아니라 상대적인 것이다. 행복은 자기가 원하는 것에 비해 얼마나 가졌느냐에 따라 결정된다고 볼 수 있다. 자기가 가지고 있거나 성취한 것에 대해 어떻게 느끼느냐가 중요하다.

어느 공원에 노신사가 우울한 표정으로 앉아 있었다. 옆 사람이 "왜 그러느냐."고 물어보니 "내 자산이 100만 달러가 되어서 그런다."고 하였다. "100만 달러나 되는데 왜 그리 슬퍼하느냐."고 물었더니 "얼마 전에는 1000만 달러였는데 10분의 1로 줄어 마음이 아프다."고 하였다.

우리나라 사람들도 과거 1960~70년대에 비하면 엄청나게 살기 좋아졌다. 그래서 모두 과거보다 행복하다고 느끼고 있는가? 오히려 행복하지 않다고 느끼는 사람이 많을 것이다. 그 이유는 남과 비교하기 때문이다. 부인들이 동창회에 갔다 온 후 부부싸움을 하는 경우가 많다고 한다. 그동안 노력하여 30평 아파트에 자가용도 마련해 기분이 좋았는데 학교시절 나보다 못하다고 생각한 친구가 40평의 아파트에 자기보다 더 큰 차를 갖고 있었기 때문이다. 물질적으로는 과거보다 크게 나아졌음에도 불구하고 행복을 느끼지 못하는 것은 결국 남과 비교하면서 우리의 기대 수준이 너무 빠른 속도로 높아졌기 때문이다.

우리 국민은 세계 어느 나라보다도 성취동기가 크다. 즉, 돈 벌고 출세하여 남보다 나아져야겠다는 의욕이 넘친다. 이와 같은 민족성이 그동안 빠른 경제성장을 이룩하는 원동력이 되었다. 그러나 한편으로는 불만을 초래해 사회적 갈등과 불행의 원인이 되기도 한다.

우리가 보다 행복해지기 위해서는 감사와 긍정의 마음가짐이 필요하다. 물이 2분의 1컵 남았을 때 어떤 사람은 "물이 반밖에 안 남았다." 하는가 하면, 어떤 사람은 "물이 반이나 남았다."라고 말한다. 교통사고로 팔이 부러졌을 경우 "재수 없게 나만 왜 교통사고를 당했는가."라는 사람이 있는 반면, "죽지 않고 팔 부러진 정도로 부상했으니 얼마나 다행인가."라고 생각하는 사람도 있다.

신발 세일즈맨 두 사람이 아프리카에 시장조사차 가서 본사에 보고했다. 한 사람은 "아무도 신발을 안 신어 신발 팔 가능성이 없습니다."라고 보고하고, 또 다른 사람은 "현재 아무도 신발을 안 신고 있어 앞으로 시장수요가 무궁무진합니다."라고 보고했다. 이와 같이 생각하기에 따라 모든 일이 달라진다. 감사와 긍정의 마음을 갖는 것은 특별히 돈을 들이지 않으면서 개인과 우리 사회 모두를 행복하게 할 수 있다.

나는 우리 국민 모두가 감사와 긍정의 생각을 갖도록 국민의식 변화운동을 제안한다. 우선 학교교육부터 감사와 긍정의 마인드 교육을 강화해야 한다. 초등학교 시절 교통안전 교육은 열심히 받아 모든 국민이 기억하지만 감사와 긍정의 정신을 가져야 한다는 교육을 받은 기억은 별로 나지 않는다. 우리나라의 자살률이 경제협력개발기구(OECD) 회원국 중 1위라고 한다. 현대 사회에서 위장병 등 대부분의 질병은 스트레스에서 비롯된 것이라고 한다. 자살과 스트레스 예방에 가장 좋은 치료제는 감사와 긍정의 정신이라고 생각한다.

미국 하버드대학에서도 가장 인기 있는 과목은 행복론이라고 한다. 프랑스 사르코지 대통령도 최근 노벨경제학상 수상자인 센 교수와 스티글리츠 교수에게 국가 행복지수 개발을 요청했다고 한다. 올해부터는 우리 국민이 모두 감사와 긍정의 마음을 가져 우리 사회가 갈등도 적어지고 행복한 사회가 되기를 기대한다.

〈출처: 서울신문 2011. 1. 6. 최종찬 따뜻한 사회-감사와 긍정의 삶〉

"근본적으로 행복과 불행은 그 크기가 정해져 있는 것은 아니다. 다만 그것을 받아들이는 사람의 마음에 따라서 작은 것도 커지고, 큰 것도 작아질 수 있는 것이다. 가장 현명한 사람은 큰 불행도 작게 처리해 버린다. 어리석은 사람은 조그마한 불행을 현미경으로 확대해서 스스로 큰 고민 속에 빠진다."

17세기 모럴리스트인 라 로슈프코는 행복이나 불행을 받아들이는 것은 결국 사람의 마음먹기에 달려있다고 말했다. 행복은 마음가짐이다. 긍정과 감사의 마음을 가진 사람에게는 불행이 아주 작은 것이라 여기겠지만 불평불만으로 가득한 사람은 자기의 불행이 가장 크다고 여길 것이다.

채근담에서도 '행복은 좇아가 구할 물건이 아니다. 다만 즐거운 표정과 웃음을 늘 띠고 있음으로써 복이 들어오는 근본으로 삼아야 한다. 불행은 언제 어디서 닥쳐올지 모르는 것이다. 또한 불행을 막을 길도 없다. 다만 평소에 남을 해치고자 하는 감정을 없애고 마음을 평온하게 갖는 것으로써 불행을 막는 근본으로 삼아야 한다.' 고 했다. 행복이란 것은 누구에게나 기회가 가지만 받아들이는 태도에 따라 누리는 사람은 다른 게 아닐까. 긍정과 감사의 마음을 가진 사람은 그만큼 행복을 자기 것으로 만들 수 있다고 본다.

세상 사람들의 눈으로 보면 마쓰시다 고노스케는 운이 없는 사람이었다. 마쓰시다 고노스케는 마쓰시다, 파나소닉 등의 브랜드로 유명한 일본의 세계적인 전자제품 메이커인 마쓰시다 그룹의 창업자로 '경영의 신' 으로 존경받는 인물이다.

마쓰시다는 일반 사람들의 생각과는 달리 본인은 3가지 행운을 가졌다고 이야기했다.

첫째, 그는 일의 중요성을 일찍부터 깨닫는 행운을 가졌다고 했다. 찢어지게 가난한 집에 태어나 어려서부터 구두 닦이, 신문 팔이 등 온갖 일을 하였다. 일을 하면서 노동의 중요성을 알게 되고, 인내심과 자신감을 기르는 등 인생 공부를 하게 되었다.

둘째, 그는 어려서 몸이 무척 약하여 건강의 중요성을 누구보다도 일찍 깨달았다고 하였다. 젊어서 건강한 사람은 건강관리에 소홀하여 말년에 병들어 고생하는 경우가 많다. 그는 평생 동안

운동과 적정한 섭생 등으로 건강관리를 게을리 하지 않았다. 그 결과 그는 95세까지 장수하였다.

셋째, 그는 가난해서 초등학교도 졸업 못하였다. 따라서 평생 동안 그는 배워야 한다는 생각을 하였다. 항상 겸손한 자세로 남의 의견을 경청하고 새로운 정보와 트렌드를 배우고 받아들이는 데 열심이었다.

어쩌면 불행하다고 느끼는 것은 지극히 주관적인 판단일지도 모른다. 객관적인 상황이 운이 없고, 불행한 것처럼 보이더라도 받아들이는 사람이 불행이라 여기지 않고, 오히려 극복하려는 마음을 가진다면 그때부터가 행복으로 변화되는 것이리라. 긍정과 감사의 마음으로 살고, 그 기운이 주위 사람들에게 전해진다면 사회적으로도 행복지수가 높아지지 않겠는가.

국민 행복지수를 만들어라

국정운용의 우선순위와 각종 통계, 지표는 상호 밀접한 관련이 있다. 경제 성장을 중시하면 그와 관련된 통계가 많이 개발된다. 경제 성장 관련 통계나 지표가 많으면 국민적 관심사가 높아져 그 분야의 정책 우선순위가 높아진다. 예컨대 사회적 신뢰나 사회적 유동성(social mobility)이 중요하다고 하지만 의미 있는 통계나 지표가 정기적으로 생산되지 않으면 문제가 개선되는지 악화되는지 알 도리가 없어 관련 정책에 대한 관심도 낮아질 수밖에 없다.

대부분 국가에서 가장 중요시하는 지표는 국내총생산(GDP)과 1인당 GDP라고 생각된다. 이는 국가와 국민의 경제력을 나타내는 것으로, 클수록 물질적으로 풍요롭다고 볼 수 있다. GDP관련 통계는 많이 개발됐다. 따라서 GDP가 낮으면 왜 낮아졌는지, 적정 GDP 증가율은 어느 수준인지 등 많은 분석과 연구가 이뤄진다. GDP는 경제력을 나타내는 중요한 지표이지만 GDP 증가 자체가 행복은 아니다. 그동안 경제는 괄목하게 성장하였으나 행복도 그에 상응하게 늘어난 것은 아니다. 실제 우리생활은 과거보다 물질적으로 엄청나게 발전하였다. 오늘날 중산층 생활수준은 중세의 제왕들보다 낫다. 17~18세기 제왕이라 하더라도 오늘날의 냉난방 시설 · 수세식 화장실 · 냉장고와 같은 시설을 갖지 못했고, 페니실린만 맞으면 나을 병도 못 고치고 죽었으며, 비행기로 외국 여행도 못했다.

생명의 위협을 받을 정도로 빈곤한 상태에서는 행복을 못 느낄 것이다. 그러나 그 단계를 벗어나면 행복은 물질적인 성장만으로 이루어지는 것은 아니다. 상대적인 형평성, 남을 배려하는 문화 등 많은 비물질적인 요소가 결정적인 역할을 한다. 세계 각국의 행복지수를 조사한 자료에 의하면 경제적으로 빈곤한 방글라데시나 부탄 같은 나라의 행복지수가 높은 반면, 부유한 국가 중에서 행복도가 낮은 나라도 많다. 우리나라도 소득이 크게 늘어났음에도 행복의 마이너스 척도인 자살률, 이혼율은 과거보다 오히려 높아지고 있다.

이재부터는 국민의 행복을 국정의 우선순위에 두어야 한다. 행복을 중시하면 국정운영도 현재와 많이 달라질 것이다. 안전, 환경, 여가 등 삶의 질적 개선에 대한 관심이 증대할 것이다. 소득분배나, 사회적 양극화 개선에 관한 정책의 우선순위가 높아질 것이다. 현재는 이렇다 할 국민행복지수가 없으므로 소득분배 개선보다는 경제성장률을 중시한다. 소득분배 악화는 지표화가 미흡해 당장 눈에 안 띄지만 경제성장률을 높이는 것은 정부 치적 홍보에 유리하기 때문이다. 국민행복지수가 개발되어 형평성에 관심이 높아지면 정부는 현재보다 소득분배에 더 관심을 갖게 될 것이다.

국민의 행복을 국정 우선순위에 두려면 우선 국민의 행복상태를 알아야 한다. 행복은 각자의 가치관에 따라 정의도 다르고 계량화하기도 어렵다. 현재도 행복과 관련된 지표가 없지 않다. 도시근로자 가계소득분포, 평균수명, 자살률, 이혼율 등이 있다. 그러나 이와 같은 지표를 심층 분석하여 종합적으로 국민의 행복상태를 알려주는 지표는 없다. 따라서 국민들이 과거보다 행복해졌는지 불행해졌는지 알지 못한다. 물론 국민행복지수 개발은 쉽지 않다. 그렇다고 그것 때문에 정부가 국민의 행복 상태에 대한 관심을 덜 기울여도 된다는 것은 아니다.

다행히 국제적으로 행복지수 개발에 대한 관심이 증대되고 있다. 5월 24일 경제협력개발기구(OECD)는 '당신의 더 나은 삶 지수'(Your Better Life Index)라는 일종의 행복지수를 공개했다. OECD는 삶의 질을 측정하기 위해 주택, 소득, 일자리, 공동체, 환경, 생활 만족도, 일과 여가의 조화 등 11개 기준을 선정했다. 이를 기초로 각국이 스스로 지수를 완성하도록 유도하고 있다. 또한 사르코지 프랑스 대통령은 노벨경제학상 수상자인 센 교수와 스티글리츠 교수에게 국민행복지수 개발을 요청한 바 있다. 국민행복지수를 적극 개발하여 국민의 궁극적 욕구인 행복에 대해 정부와 사회의 관심이 증대되기를 기대한다.

〈출처: 서울신문 2011. 6. 2. 최종찬 따뜻한 사회-국민 행복지수 만들자〉

우리나라도 한때는 성장만을 외치던 때가 있었다. 먹고사는 일이 최우선일 때였으니 성장가도로 달리는 정책을 쓸 수밖에 없었던 때였다. 그러나 성장이 마음까지 채워주는 것은 아니었다. 자본주의 사회에서 경제성장이란 것은 인간의 욕망이 그러하듯 끝을 모른다. 하지만 그 성장 속에서 소외된 사람이 생겨나고, 성장이 바로 행복을 의미하는 것이 아님을 인식하게 되었다.

그래서 성장을 대신하는 새로운 후생지표로 국민총행복지수(Gross National Happiness)가 관심을 받고 있다. 세계에서 국민총행복지수 1위에 꼽힌 나라는 바로 부탄이다. 과연 그런 나라가 있었나 싶을 만큼 생소한 나라다. 부탄은 티베트, 인도와 인접한 국가로 인구수가 100만 명도 되지 않는다. 인구가 적으니까 살기 좋은 나라라서 그런가 보다고 하겠지만 부탄의 1인당 국내총생산

(GDP)은 2000달러에도 미치지 못한다. 그럼에도 부탄은 신경제재단(NEF)의 조사에 따르면 국가별 행복지수가 143개국에서 1위를 차지했다. 대한민국이 68위에 올랐다 하니 행복지수란 게 GDP와는 무관해 보인다.

우리나라도 국민의 행복을 국정의 우선순위에 두어야 한다. 국제적으로도 행복지수 개발에 대한 관심이 증대되고 있다. 경제성장률 보다는 일자리 지표인 고용률을 중시해야 한다. 앞으로는 성장보다 삶의 질 향상에 초점을 맞춰야 한다.

가진 사람이 먼저 양보해야 한다

작년에 초등 · 중학교의 무상급식부터 시작하여 최근 대학교 반값 등록금, 하청기업과의 이익공유제, 전 · 월세 가격상한제 등 국민 부담을 줄이고 서민을 위한다는 명분의 각종 대책이 봇물처럼 나오고 있다. 기업가나 경제전문가들은 이들 대책이 시장경제를 무시한 대중 인기영합적인 것이라고 비판한다. 내년 국회의원 선거, 대통령 선거를 앞두고 재정능력을 고려하지 않은 선심성 정책들은 더욱 늘어날 전망이다. 무상급식, 반값 대학등록금 등을 인기영합적인 정책이라고 비난하지만 많은 국민들이 이를 지지하고 있는 것이 현실이다. 무상급식 공약은 작년 지방선거에서 민주당이 승리하게 된 중요한 계기가 되었다.

최근 왜 이렇게 재원 대책도 불명확한 복지 정책들이 많이 나오는가? 대다수 국민들의 살림살이가 어려워지고, 미래에 대해 희망이 없어지는 데 원인이 있다고 본다. 작년에 경제 성장이 6% 되었다고 하나, 많은 국민들은 성장을 체감하지 못하고 있다. 일부 수출 대기업들은 유례없는 고성장을 누리고 있으나 대다수 중소기업, 내수기업들은 불황에 허덕이고 있다. 대기업 근로자는 막대한 보너스를 즐기지만 하청기업 근로자는 실질소득 감소를 겪고 있다. 명품 매출은 크게 늘어난다는데, 서민들은 전·월세 가격 상승으로 식비도 줄여야 하는 상황이다. 급속한 저출산 원인은 취직도 안 되고, 높은 육아·교육비용을 감당할 자신이 없는 데서 비롯된 것이다.

각 분야에서 양극화가 진행되고 미래에 대한 희망이 없는 상황에서 당장의 부담을 덜어준다는데 누가 마다할 것인가? 현재와 미래가 불행하다고 생각하는 사람은 그 체제에 대해 애착을 가질 리가 없다. 이대로 가면 점점 많은 사람이 시장경제체제에 대하여 불신하게 될 것이다. 양극화가 완화되고 미래에 희망을 가질 수 있는 체제로 바뀌어야 한다. 그래야 현재의 시장경제체제가 유지될 것이다.

그러면 누가 현재의 시장경제체제 유지에 앞장서야 할 것인가? 최근 세계화와 규제 완화로 가장 혜택을 보는 계층들은 수출기업, 대기업 등일 것이다. 이들 계층이 잘나가는 것은 물론 열심히 하여 경쟁력을 확보한 결과이겠으나 국가가 이를 뒷받침한 것도 큰 요인이다. 그런데 빈부 차이가 커지고 사회 불만세력이 늘어 기업 활동을 규제하고 사유재산을 제한하는 입법들이 성행한다면, 과연 기업들이 자기만 잘한다고 계속해서 성장할 수 있을 것인가? 예컨대 베네수엘라의 차베스 정권같이 사기업을 국유화하고 기업 활동을 통제하는 상태가 되면 경쟁력 있는 대기업인들 제대로 기업 활동을 할 수 있을 것인가?

물론 우리 사회가 그렇게 극단적인 사태까지 갈 것이라고 생각되지는 않는다. 그러나 소득의 양극화, 높은 청년실업, 저출산이 지속된다면 자원 배분을 왜곡하고 장기적으로 경제발전을 저해하는 대중 인기영합적인 정책이 남발될 가능성이 크다. 따라서 현 체제에서 혜택 받는, 가진 사람들이 체제 수호를 위해 자발적으로 양보하는 마음이 필요하다. 작은 것을 더 가지려다 더 큰 것을 잃게 된다. 미국의 경우 빌 게이츠와 워런 버핏 등 부자들이 상속세 폐지를 반대하거나 재산을 기부하는 운동을 하고 있다.

부유층, 지도층의 '노블레스 오블리주' 정신이 절실하다. 기부문화가 확산되어야 한다. 우리나라 대기업은 회사 이름으로 기부하면서 기업주가 생색내는 경우가 많은데, 외국은 대부분 개인 재산에서 기부한다. 하청기업에 대한 지나친 가격 인하 요구, 계열사에 대한 몰아주기로 중소기업을 고사시키는 행위도 자제되어야 한다. 상속 · 증여세를 제대로 내 부의 정당성을 보여야 한다. 게이츠와 버핏은 미국 400대 억만장자들에게 개인 재산의 절반을 기부토록 촉구하고 있다. 우리나라에서 이와 같은 아름다운 모습을 기대하는 건 무리인가? 과거 경주 최 부자의 가르침이 생각난다. "주변 100리에 굶는 사람이 없게 하라.", "흉년들 때 땅 사지 말라." 부자가 존경받는 사회, 따뜻한 사회가 선진국이라고 생각한다.

〈출처: 서울신문 2011. 6. 30. 최종찬 따뜻한 사회-가진 사람이 먼저 양보해야 한다〉

최근 미국 뉴욕에서는 '월가를 점령하라(OWS : Occupy Wall Street)'는 시위가 일어나고 있다. 월가 점령 시위대는 "상위 1% 부유층의 탐욕 때문에 나머지 99%의 사람들이 정당한 몫을 받고 있지 못하고 있다"고 주장하고 있다. 그들이 말하는 1%란 월스트리트의 금융 자본가들을 가리킨다.

월가 시위 영향 때문인지 세계는 온통 시위로 넘쳐나고 있다. 프랑스 파리와 스페인 마드리드에선 높은 실업률에 불만을 품은 청년들이 일자리를 달라며 시위를 벌이고 있고, 그리스에서는 정부의 긴축정책과 복지비 삭감에 반대하는 시위가 연일 이어지고 있다. 우리나라도 이미 반값등록금 등의 시위가 있었다.

이런 사태를 지켜보면서 이제는 우리 경제나 정치의 패러다임이 바뀌어야 한다는 생각이 들었다. 우리 사회가 양극화로 치닫게 되면 세계적으로 벌어지고 있는 시위와 같은 성격의 시위들이 우리나라에서도 일어나지 말라는 법이 없다.

요즘 새로운 화두로 떠오르고 있는 '자본주의 4.0' 에 대해 주목할 필요가 있다고 본다. 영국의 경제칼럼니스트 아나톨 칼레츠키는 그의 저서 《자본주의 4.0》에서 자본주의의 새로운 패러다임을 밝히고 있다. 1930년 대공황 이후 지배적 경제이념으로 부상한 정부개입의 '자본주의 2.0' 이나 1970년대 스태그플레이션을 계기로 등장한 시장방임의 '자본주의 3.0' 이 2008년 금융위기를 통해 다 같이 불신 당했기 때문에 앞으로는 이 둘을 절충한 '혼합 자본주의 4.0' 으로 수렴될 것이라는 주장이다.

자본주의 4.0은 우선 유능하고 적극적인 정부가 있어야만 시장경제가 존재할 수 있다는 인식에 기초하고 있다. 정부의 역할은 커지지만 정부의 크기는 줄어들어야 가능한 형태라고 말한다. 따라서 자본주의 4.0은 정부와 시장의 역할 가운데 하나만 강조했던 이전 시대의 경제 인식과는 달리 정부와 시장이 모두 잘못될 수 있다는 사실에 기초하여 정치와 경제를 적대적인 관계가 아니라 서로 협력하는 관계로 인식하고 있음을 보여준다.

그래서 자본주의 4.0은 시장의 자율적 기능을 강조하며 시장참여자의 사회적 책임을 요구한다. 그리고 '모두 행복한 성장', '따뜻한 자본주의' 를 지향한다. 물론 자본주의 4.0은 아직 논의가 더 필요한 면도 있고, 유럽이나 미국을 모델로 해서 우리나라에 바로 적용하기에는 무리가 있을 지도 모른다. 하지만 자본주의 4.0에서 하는 문제의식은 현재 우리 사회의 갈등에 비쳐볼 때 공감할 점이 많다. 가진 자들이 조금씩 양보하고, 나눌 줄 아는 따뜻한 자본주의를 이끌어내야 한다는 점에서는 자본주의 4.0과 맥을 같이 한다.

나도 대학교 2학년부터 졸업 때까지 장학금을 받아서 학비가 들지 않았다. 수 년 전 이를 보답하고자 그 장학기금에 3천만 원씩 2회 출연하였다. 앞으로 형편이 닿는 데로 더 기부할 생각이다.

나눔으로 고루고루 잘 사는 따뜻한 사회가 되었으면 하는 것은 단지 나 혼자만의 바람은 아닐 것이다. 자본주의 4.0이 시장의 원리를 존중하면서 시장 낙오자를 견인해 갈 수 있는 효율적인 정책을 요구한 것처럼 우리 사회의 날로 심화되는 양극화, 다양한 소외계층의 어려움을 해소할 방안을 이제는 우리가 찾아야 한다.

교육자치제
고쳐야

최근 학교에서 학생이 교사를 폭행하는 일이 연이어 발생하고 있다. 미국 중고등학교에서 발생하는 총기 사건을 볼 때 남의 나라 일이라고 가볍게 보았는데 우리나라도 닮아가는 것 같다. 이런 일이 발생하는 이유는 여러 가지가 있겠으나 그중 하나는 최근 일부 교육감이 주장하여 만들어진 학생인권 중시의 교육정책이라고 본다. 일체 체벌을 사실상 금지하니 교사들이 학생을 지도할 현실적 수단이 없기 때문이다.

문제는 최근 이와 같은 교육정책을 주도하는 교육감이 대다수 국민의 의사를 대변하고 있지 않다는 점이다. 현행 시 · 도 등 광역자치단체 교육감 선거제도는 정당 공천 없이 다수 득표를 한 사람이 교육감이 되도록 되어 있다. 정당 공천이 없으니 현실적으로 교육감의 성향을 알기가 어렵다. 지난해 서울시와 경기도의 선거 실례를 보면 보수적 성향의 후보가 난립하여 진보적 성향의 교육감이 당선되었다. 서울시의 경우 진보적 후보인 곽노현 교육감은 투표자의 34.3%를 득표한 반면, 보수적 정책을 표방한 이원희 후보 등 4명의 득표율은 60.2%에 이른다. 유권자의 대부분이 보수적 성향의 후보를 지지하였으나 후보 난립으로 소수파인 진보후보가 당선되었다.

현행 제도가 유지되면 대다수 국민의 의사와 동떨어진 교육감은 계속 나올 것이다. 시 · 도 교육감 선거에서 정당 공천을 배제한 것은 논리적으로도 타당성이 의문시 된다. 국가 교육정책은 정당 공천을 받은 대통령이 임명한 교육과학기술부 장관이 담당한다. 당연히 정당의 정책에 영향을 받는다. 그런데 시 · 도 교육감만 정당 공천을 배제한다고 정책이념에 영향을 받지 않을 것인가? 선거 때는 각 정당이 알게 모르게 자기편 후보를 지원하지 않는가?

주민의 다수 의견이 외면당하는 현행 교육감 선거제도는 뜯어고쳐야 한다. 그 대안으로 교육 자치를 지방자치와 통합하는 방안을 제안한다. 현재 지방자치단체는 교육에 책임과 권한은 없고, 지원만 할 수 있다. 최근 교육에 대한 지자체의 관심이 늘어나고 있으나 근본적으로 교육은 지자체 책임이 아니므로 지자체의 교육 지원은 제한적일 수밖에 없다. 초 · 중 · 고등학교 교육이 부실하여 사교육비 부담이 늘고, 학교 폭력이 늘어 교육에 대한 주민들의 관심이 큰 데도 정작 지자체장은 큰 관심을 기울이지 않아도 되는 구조이다.

교육자치라고 하지만 주민들이 교육에 불만이 있는 경우 누구에게 이야기해야 하는가? 교사들이 불성실해도 자녀에 대한 보복이 두려워 학교 교사나 교장선생님에게 불평하기도 어렵다. 학교 시설이나 교과제도 등에 의견이 있을 경우, 교장선생님이나 교육장이 문제를 대부분 해결하기가 어려워 교육감에게 이야기해야 할 터인데 일반 학부모가 과연 쉽게 접근할 수 있는가? 교육위원이 있지만 일반 주민들이 누가 교육위원인지 제대로 알고 있는가?

교육자치가 지방자치와 통합되어 지자체장이 교육을 책임진다면 교육현장은 달라질 것이다. 교육시설이 열악하고, 교육이 부실하면 주민들이 지자체에 불만을 표시할 것이다. 도지사, 시장, 군수는 주민들의 관심이 가장 큰 교육문제 해결에 역점을 두지 않을 수 없을 것이다. 시 · 군 교육청이나 시 · 도 교육위원회는 재정적으로 힘이 없으나 지자체는 우선순위만 조정하면 교육에 많은 재원을 지원할 수 있다. 주민들의 교육에 대한 관심이 무엇보다도 큰데, 어느 지자체장이 이를 외면할 수 있을 것인가? 공교육이 정상화되고 사교육비를 줄이는 데 큰 도움이 될 것이다. 교육계에서는 교육 자치와 지방자치가 통합되면 교육계 권한이 축소될 거라며 반대하는데, 교원 인사와 교육내용 결정 등은 교육감 등 교육전문가에게 맡기는 방식으로 보완이 가능할 것이다.

국민의 의사를 대변하지도 못하고 교육문제 해결에 도움도 안 되는 현행 교육자치제도는 이른 시일 내에 고쳐야 한다. 우리나라 사람들은 문제가 생기면 호들갑을 떨지만 곧 잊어버리는 경향이 있는데 이런 잘못은 더 이상 반복하지 말아야 한다.

〈출처: 서울신문 2011. 6. 30. 최종찬 따뜻한 사회-교육자치제 지방자치제 통합해야〉

교육은 '백년지대계(百年之大計)며 우리의 미래다. 그리고 삶이며 생존이다. 앞으로 우리 교육이 어떤 인물을 배출해 내느냐에 따라 나라의 미래가 달라진다. 대한민국 국민이라면 누구나 동의하는 바이지만 교육 정책에 대한 생각은 천차만별이다. 그리고 정권이 바뀔 때마다 달라지는 교육 정책은 백년지대계라는 큰 뜻을 무색하게 만든다.

내가 생각하는 교육 개혁은 시스템에서부터 출발해야 한다고 본다. 창의성 있는 인재가 많이 나올 수 있도록 사회시스템이 바뀌어야 한다. 우선, 교육시스템부터 변해야 한다. 학교교육에 대한 규제를 획기적으로 개선해야 한다. 수요자 위주로 바뀌어야 한다.

선의의 경쟁이 있어야 한다. 획일적인 평준화교육을 바꾸어야 한다. 각자 능력에 따라 양질의 교육을 받을 수 있는 기회가 보장

되어야 한다. 비싼 돈 내는 해외유학은 허용되는데 국내에 그런 학교는 왜 허용이 안 되는가?

대학의 학생선발에 대한 규제도 개선되어야 한다. 아울러 획일적인 교과 과정도 전면 재검토되어야 한다. 학생들의 소질과 관심이 다른데 왜 많은 과목을 획일적으로 배워야 하는가? 영어도 제대로 못하는데 왜 제2외국어까지 의무적으로 배워야 하나? 중 · 고 과정에서 필수과목을 줄이고 선택과목을 늘려야 한다.

또한 정부의 교육투자도 확대되어야 한다. 특히 지방자치단체의 교육투자가 확대되어야 한다. 그 동안 지방자치와 교육자치의 분리 시스템으로 지자체의 교육에 대한 관심이 미흡했는데, 앞으로는 주민복지 향상 차원에서 교육투자를 확대해야 한다. 공교육을 활성화 해 사교육비를 확 줄여야 한다.

미국의 경우 대부분의 도시는 지자체장이 교육에 대한 책임을 지고 있다. 뉴욕시, 워싱턴DC 등도 지자체의 강력한 지원으로 대대적인 교육개혁을 추진하고 있다. 조지 W 부시 전 대통령도 텍사스 주지사 시절 교육개혁을 강력히 추진한 바 있다.

우리 교육이 경쟁력을 가지고, 우리의 미래를 좀더 밝게 하려면 교육자치제와 지방자치제가 통합해서 강력한 교육 개혁을 추진해야 한다.

주택정책, 발상의 전환이 필요한 때

평소에는 정부 규제가 많다고 비난하지만 국가적으로 무슨 일이 벌어지면 우선적으로 정부대책을 요구한다. 정부대책은 문제의 원인을 분석하여 직접 규제로 해결할 것인지, 시장기능을 보완할 것인지 따져서 결정해야 할 것이다. 그러나 국민들은 단기간에 문제해결을 원하고 정부나 정치인들은 국민들의 요구에 따라 장기적으로 부작용이 크더라도 당장 그럴듯한 정책을 만드는 경우가 많다.

최근 주택 전·월세가격 상승현상과 정치권의 대응도 비슷한 양상을 보이고 있다. 수도권을 중심으로 전세가격이 상승하여 임차인의 부담이 커짐에 따라 일부 정치인과 시민단체는 임대료를 일정수준 이상 못 올리게 하고 임대기간을 현행 2년에서 임차인이 원하면 특별한 사유가 없는 한 4년으로 연장할 것을 제안하고 있다. 이 경우 임차인 입장에서는 외견상 좋아 보이는데 실제적으로 도움이 될 것인가? 다른 물건과 마찬가지로 전·월세 가격이 상승하는 것은 수요에 비해 공급이 부족하기 때문인데 규제로 문제가 해결될 것인가?

예컨대 기존 전세 세입자에게 전세금을 3% 이상 못 올린다고 규제하면 임대인은 주택임대를 안 하겠다는 명분으로 기존 임차인을 내보내고 한두 달 후에 새로운 임차인에게 비싼 가격으로 임대하게 될 것이다. 4년까지 임대기간이 연장된다면 임대인 입장에서는 임대료를 앞으로 4년간은 올리기 어렵다고 생각하여 미리 올리는 사례도 발생할 것이다.

이번 기회에 우리나라 전세제도는 주택임차인에게 유리한 제도라는 점을 인식해야 한다. 3억 원짜리 집을 1억 5000만 원에 전세 들고 있으면 집주인은 차액 1억 5000만 원을 저금했을 때 받을 수 있는 이자만큼 손해를 보고 임차인은 그만큼 덕을 보는 셈이다. 이와 같은 전세제도가 지속될 수 있었던 것은 그동안엔 주택 가격이 대부분 올라 주택 소유자가 전세에서 손해 본 것을 주택가격 상승으로 보충할 수 있었기 때문이다.

그러나 앞으로 주택가격이 지속적으로 안정된다면 과거와 같은 적은 금액으로 전세를 주려고 하지 않을 것이다. 주택가격 상승을 기대하여 주택을 구입, 임대하던 개인들도 급속히 줄어들 것이다.

임대를 주는 경우에도 전세가격이 올라 결국은 대부분 월세로 전환될 것이다. 이런 상황에서 임대료 규제, 임대기간 연장 등 임대인 입장에서 일방적으로 불리한 제도만 도입하면 주택임대를 더욱 위축시킬 것이다. 우리나라는 정부나 지방자치단체가 제공하는 임대주택 비중이 적어 대부분을 민간 임대주택에 의존하는데, 공공부문의 임대주택 공급이 크게 늘어나지 않는 상태에서 민간 임대주택이 급격히 줄어들면 앞으로 임대료가 대폭 인상되어 서민들의 주거비 부담이 더욱 늘어날 것이다.

향후 주택 수급사정을 보면 임대료 불안요인이 크다. 2008년 금융위기 이후 아파트 분양이 지속적으로 줄어들고 있고, 그 결과 올해에는 완공되는 주택도 큰 폭으로 감소할 전망이다. 이럴 경우 아파트 매매가격뿐만 아니라 임대료도 지속적으로 인상될 가능성이 크다.

이제부터는 주거비 안정을 최우선 정책과제로 해야 한다. 역대 정부가 주택가격 안정에 역점을 두었으나 실제 재정지원은 크지 않았다. 도로, 철도 등 사회간접자본은 공공재라고 생각하여 적극적으로 투자하였으나 주택은 사유재라고 인식하여 투자에 소홀하였다. 현재 장기임대주택 비중이 영국 19%, 프랑스 17%, 네덜란드 35%인 데 비해 우리나라는 4.5%에 불과하다. 공공부문에서 임대주택 재고를 획기적으로 늘려야 한다. 복지차원에서 저소득층에 대한 주거비 보조를 확대하는 방안도 필요하다. 민간임대주택 공급확대를 위해 주택임대 사업자를 투기꾼으로 생각하여 규제만 할 것이 아니라, 적정한 수익률이 보장되도록 규제를 완화하고 인센티브도 확대하여야 할 것이다. 잘못된 규제는 주거비 부담을 오히려 가중시킬 가능성이 크므로 주택정책도 경제원칙에 따라 추진되어야 한다.

〈출처: 서울신문 2011. 3. 10. 최종찬 따뜻한 사회-전세대책 발상의 전환이 필요하다〉

인간에게 집이란 무엇일까? 집은 사람을 안전하게 보호하고 휴식과 안식을 주는 곳이다. 그런데 요즘은 집이 돈벌이 수단으로 전락해버렸다. 집이 갖는 고유의 의미가 무색해진 지 오래 되었다고 하지만 집은 여전히 집이어야 한다. 특히 가난한 서민들에게 집은 몸과 마음을 쉬게 하는 공간이어야 한다. 그런데 자기 집이 아닌 서민들에겐 안식을 주지 못한다.

'하우스 푸어' 라는 신조어가 있는데, 집은 있지만 그 집 때문에 가난한 사람들을 가리키는 말이다. 내 집 마련이 평생의 꿈이었던 사람들이 꿈을 이루었다고 생각한 동시에 그 꿈에 대한 높은 비용을 치르느라 등골이 빠진다. 게다가 서민들은 부동산 불패라는 막연한 믿음을 갖고 살고 있는데, 그 희망이 붕괴되면 어떻게 되겠는가? 2000년 중반 미국 은행들은 신용등급이 낮은 사람들에게도 마구잡이로 집 담보 대출을 해주었다. 2008년 그 버블이 무너지자 집을 압류했다. '하우스 푸어' 로 대표되는 서민들의 고민이 깊어간다.

정부 통계에 따르면, 우리나라 가계 자산의 80%는 집값, 즉 부동산이다. 이 수치는 미국과 일본 등 선진국에 비해 두 배에 달하는 규모다. 그래서 부동산 경기는 민간 소비심리에 결정적인 영향을 끼칠 수밖에 없다. 부동산시장의 장기 불황은 소비 심리를 위축시키고, 집값이 하락할수록 가계는 깊은 시름에 빠지게 된다. 정부는 임대주택 공급을 대폭 늘리고 내 집 마련에 대한 금리도 낮게 하여 주거비 안정에 최대한 노력해야 한다.

인구감소 국가
미래는 없다

우리가 그동안 압축 성장을 하였듯이 압축 노령화해 가고 있다. 저출산과 그로 인한 노령화의 영향은 심각하다. 우선 생산인구와 국내소비의 감소로 경제성장률을 떨어뜨린다. 생산성이 높은 25~54세 인구는 2010년부터 줄어들고 있으며, 2018년 이후에는 총인구가 줄어들 전망이다. 노령화가 되면 소비도 줄어들게 된다. 벌써 대형주택은 수요가 줄어 집값이 떨어지는 현상이 나타나고 있다. 우리나라 잠재성장률은 최근 4%에서 2021~2030년에는 2% 수준으로 떨어질 전망이다.

급속한 노령화는 재정수지를 크게 악화시킬 것으로 예상된다. 경제성장률 저하는 세입의 감소를 초래한다. 반면 노령화는 각종 연금과 의료비 지출을 증가시켜 세출을 증대시키는 요인이 된다. 현 추세대로 가면 국민연금은 2060년에 완전 고갈된다. 공무원연금은 이미 적자상태여서 재정에서 보조하는데, 2020년대에는 적자가 32조 원으로 예상된다. 재정에서 지원하는 노령수당 규모도 급속히 늘어 2028년에는 26조 원으로 예상된다. 노령화로 인한 의료비 지출도 급속히 늘어날 전망이다. 1990년대 전체 의료비 지출 중 65세 이상 비율이 10%였는데 올해 상반기에는 33%를 넘는 등 노인 의료비 지출이 급증하고 있다. 여기에 선심성 복지대책이 추가되면 재정적자는 더 커질 것이다.

정부도 저출산 대책을 추진하고 있으나 미흡하여 아직 그 효과가 나타나지 않고 있다. 프랑스는 강력한 대책으로 저출산 문제해결에 성공하였다. 저출산 대책비를 1980년 국내총생산(GDP)의 2.4% 수준에서 2009년 3% 수준으로 확대한 결과 출산율이 1997년 1.7에서 최근 2.0으로 회복되었다. 반면 일본은 미온적인 대책으로 인구 감소가 지속되고 65세 이상 인구비중이 20%를 상회하는 초노령국가가 되었다. 저출산 대책 지출이 2007년 GDP의 0.7% 수준에 불과하다. 반면 복지비 중 고령화대책 비율은 1980년 33.4%에서 2009년 45.0%로 증가하였다. 저출산 대책을 소홀히 하여 고령화대책 비용이 증가하는 결과가 되었다.

일본의 예를 타산지석으로 삼아 인구 감소 방지대책을 대폭 강화해야 한다. 인구 감소 방지대책을 국정 최우선과제로 하여 경제

정책을 총괄하는 기획재정부가 책임지도록 해야 한다. 예산 지원을 포함하여 청년 실업대책 등 광범위한 문제가 포함되어 있으므로 보건복지부가 담당하기에는 너무 벅차다. 저출산 방지와 인력 양성에 국고 지원을 대폭 늘려 보육비와 교육비 부담을 획기적으로 줄여주어야 한다. 저출산 대책비는 미래에 노령대책비를 줄이는 투자라는 면에서 타당성이 있다.

근본대책으로는 청년실업 해소 등 젊은 세대가 꿈과 희망을 갖도록 해야 한다. 미래가 불안하다면 누가 결혼하고 애를 낳을 것인가. 개방적인 이민정책도 필요하다. 오늘날 미국이 젊고 부강한 나라로 유지되는 것은 과감하게 이민을 받아들이기 때문이다. 우리나라도 이민 문호를 개방하는 것이 불가피하다. 앞으로 지식기반 사회에 맞추어 가급적이면 단순 노동력보다는 고급인력의 유입에 역점을 두어야 한다. 결혼과 자녀에 대한 가치관은 단기간에 변하는 것이 아니므로 인구 감소 방지대책은 시급히, 강력히 추진되어야 한다.

〈출처: 서울신문 2011. 10. 13. 최종찬 따뜻한 사회– 인구감소 국가의 미래는 없다〉

경기도 여주에서 내려오는 민담 하나를 소개할까 한다.

옛날 옛적 아주 어진 임금님이 있었다. 하루는 임금이 많은 나인들 중에서 어느 나인이 가장 슬기로운지 시험을 하기로 했다. 임금은 나인들을 모두 불러 한 자리에 모이게 했다.

"이 세상에서 가장 좋은 꽃이 무슨 꽃이냐?"

임금의 물음에 나인들은 서로 연꽃, 모란꽃, 백합꽃, 매화꽃, 함박꽃 하면서 이 세상에서 아름다운 꽃들을 모두 아뢰었다. 그러나 임금은 원하는 답이 나오지 않았는지 고개를 옆으로 흔들었다. 그때 맨 뒤에 있던 한 나인이 앞으로 나와 말했다.

"이 세상에서 가장 좋은 꽃은 목화입니다."

임금은 그제야 고개를 아래위로 끄덕끄덕했다.

"네 말이 옳도다. 내 처음부터 아름다운 꽃이 아니라 가장 좋은 꽃이라 하였느니라. 목화를 심어 부유하게 되면 이 나라 또한 살찌게 되니 그 보다 좋은 꽃이 없느니라."

임금은 나인들을 시험하는 것이 즐거웠던지 두 번째 문제를 내었다.

"이 세상에서 가장 높은 고개는 무슨 고개냐?"

그러자 나인들은 대관령, 문경새재, 추풍령, 용문산 고개 하며 제각기 높은 고개를 모조리 아뢰었다. 그러나 임금은 고개를 좌우로 흔들 뿐이었다. 이때 아까 '목화' 라고 아뢰었던 나인이 다시 일어났다.

"세상에서 제일 높은 고개는 보릿고개이옵니다."

임금은 그 나인의 답을 듣고 무릎을 탁 치며 말했다.

“과연 짐이 바라던 지혜로운 자이로고.”

임금은 많은 나인들 중에서 슬기로운 나인을 뽑은 기쁨에 넘쳤다. 그리고 그 나인을 우두머리 나인으로 임명하고 나라에 어려운 일이 있을 때마다 그 나인과 의논해서 백성들을 잘 다스렸다고 한다.

참으로 많은 생각을 하게 하는 민담이다. 문제를 낸 임금이나 답을 맞힌 나인이나 슬기로운 사람이다. 앞으로 우리 사회가 고루고루 잘 사는, 따뜻한 사회가 되기 위해서는 이 둘 같은 지혜로운 사람들이 많이 나와야 한다. 서민을 먼저 생각하는 정치리더들이 있어야 국민들이 꿈과 희망을 가지고 살아갈 수 있기 때문이다.

국가경제를 부강하게 만들 수 있는 ‘목화’와 같은 경제 정책을 펼칠 수 있어야 하고, 서민들의 삶, 소외된 사람들의 ‘보릿고개’를 가슴으로 느낄 줄 아는 정치리더들이 있어야 국민들의 신뢰를 얻을 수 있을 것이다. 고루고루 잘 사는 사회를 만드는 것은 결코 꿈이 아니라 의지인 것이다.

노인과 청소년,
함께해야 할 우리 이웃

소득의 양극화로 절대 빈곤층이 늘어나는데 그중에서도 노인층 빈곤 비중이 세계 어느 나라보다도 높은 편이다. 노인복지의 중요성이 점점 더해지고 있다. 노인복지 하면 우선 떠오르는 것이 경로당이다. 경제사정이 좋은 사람은 다양한 취미생활을 하겠지만 그렇지 못한 사람들과 활발한 육체 활동을 하기 어려운 사람들은 경로당에서 소일하는 경우가 많다. 웬만한 아파트 단지에는 경로당이 있다. 자연히 경로당은 노인세대 여론의 집합장이 된다. 국회의원, 시 · 도의원, 시장, 군수 등 선거직은 누구나 경로당을 무시할 수 없다. 추석, 설날 때는 물론 수시로 방문하여 경로당의 애로사항을 청취한다. 당연히 이 과정에서 경로당 시설도 개선되고 지원도 확대된다.

경로당에 비해 청소년 공부방은 국가적 지원이 훨씬 적다. 최근 이혼이 늘어나 결손가정 아이들이 늘어나고 있다. 홀어머니, 홀아버지는 물론 할아버지 또는 할머니가 키우는 경우도 많다. 심지어는 부모가 이혼한 후 아버지가 새어머니와 재혼한 후 다시 이혼하여 새어머니와 함께 사는 경우도 있다. 요즈음 초·중·고등학교의 공교육이 무너져 많은 학생들이 교육을 학원, 과외 등 사교육에 의존하는 것이 현실이다. 부모가 제대로 챙겨주는 아이들은 학원에 가거나 나름대로 취미활동을 하지만 그러지 못한 아이들은 자기들끼리 모여 거리를 배회할 가능성이 크다. 나쁜 짓의 유혹에 빠지기 쉽다. 방과후 수업이 있지만 이것도 선생님이나 부모들이 챙겨주어야 할 터인데 그러지 못한 경우가 많다.

정부나 사회에서도 이 문제의 심각성을 인식하여 지역아동센터에서 여건이 불우한 아이들을 돌봐주고 있다. 지역아동센터는 대부분 수업 후에 부모를 대신하여 아이들을 관리한다. 영어, 수학 등 보충교육을 하고 음악, 체육 등 취미활동도 시키며 저녁도 제공하는 등 다양한 기능을 한다. 문제는 지역아동센터가 충분치 못하다는 점이다. 그것도 대부분 초등학생들을 대상으로 하고 있으며 중학생 대상은 별로 없다. 여건이 나빠 초등학교 공부방에 오는 아이들이 중학생이 되었다고 갑자기 달라진 것도 아닌데, 중학교로 진학하면 갈 곳이 없어지는 것이 현실이다. 일부는 초등학교 공부방에 잔류하지만 중학생을 위한 프로그램이 제대로 없는 경우가 많다. 공부방 시설도 열악하고, 아이들을 돌보는 사회복지사의 처우도 나빠 이직률이 높은 것도 문제이다.

청소년 시기는 감수성이 예민한 때이다. 청소년 시절을 잘못 보내 적기에 교육을 못 받거나 범죄 등에 연루될 경우 이것은 그들의 불행뿐 아니라 사회적으로도 막대한 부담이 된다. 최근 연간 청소년 범죄 증가율은 10% 수준으로 성인 범죄 증가율의 2배 가까이 된다. 가난의 대물림을 막고 사회가 안정되려면, 가정형편이 어려운 경우라도 청소년 시절을 잘 보내도록 돌보아 주는 사회적 시스템이 필요하다.

그런데 불우 청소년 문제에 대해서는 생각보다 사회적 관심이 낮다. 그 이유 중 하나는 이들을 대변할 정치적 목소리가 작기 때문이다. 필자가 매주 월요일 저녁 중학생 공부방에서 자원봉사로 경제교육을 하는데 정치인 방문은 거의 없다고 한다. 경로당에 수시로 방문하는 것과 너무나 대조적이다. 공부방에 지원을 늘려도 청소년들은 유권자도 아니고 그들의 부모는 그런 사실을 알지 못하므로 생색이 나지 않기 때문이다. 최근 KT 등 기업들이 청소년 공부방에 지원을 확대하는 것은 그나마 다행이지만 아직은 미흡하다. 경기도 안양시의 경우 2011년 시에 신고된 경로당은 240개소이나, 공부방은 초등학생 대상이 22개이고 중·고등학생 대상은 1개에 불과하다.

> 개천에서 용 나는 사회, 소득분배가 개선되는 사회는 교육을 통해서 이루어질 수 있다. 아이들이 부모를 잘못 만났다고 계속하여 가난 속에 살도록 하는 것은 건강한 사회가 아니다. 노령화시대의 노인복지도 중요하지만 미래세대에 대한 투자나 지원을 소홀히 해서는 안 된다고 생각한다.

〈출처: 서울신문 2011. 11. 10. 최종찬 따뜻한 사회- 경로당과 청소년 공부방〉

연탄재 함부로 발로 차지마라
너는
누구에게 한번이라도 뜨거운 사람이었느냐

안도현 시인의 '너에게 묻는다' 라는 시의 일부이다.

우리는 소외된 이웃에게 얼마나 따뜻한 사람이었을까. 추운 겨울이 찾아오고, 사회적으로 소외된 우리 이웃들을 위해 따뜻한 마음으로 봉사하는 사람들이 많다. 연탄을 나눠주고, 김장을 담가주고, 성금을 모아 돕기도 한다. 아직 우리 사회에 연탄 같은 온기가 남아 있음을 느끼게 한다.

그러나 그 대상 중에 자라나는 우리 아이들이 있다는 것도 잊지 말아야 한다. 소외된 이웃에게 따뜻한 마음을 나눠주는 만큼 불우한 시절을 보내는 청소년에게도 따뜻한 관심을 가졌으면 한다.

우리는 청소년에게 얼마나 따뜻한 어른이었을까.
우리는 청소년에게 얼마나 관심을 주는 어른이었을까.